浙江省机动车维修技术人员从业资格培训教材

车辆技术评估

（模块 H）

浙江省机动车维修技术人员从业资格培训教材编写组　编

程　晟　主编

应建明　叶智勇　田宝春　周　健　参编

人民交通出版社

内 容 提 要

本书为浙江省机动车维修技术人员从业资格培训教材。全书共分十五章，主要内容包括：发动机电子控制装置、底盘电子控制系统、汽车综合性能检测站计算机控制系统、整车装备检验、汽车动力性检测、汽车燃料经济性检测、汽车制动性检测、汽车的转向操纵性检测、汽车悬架特性检测、汽车车速表检测、照明和信号装置及其他电气设备检验、汽车排放污染物检验、汽车噪声控制与检验、营运车辆技术等级评定等。

本书可供机动车维修技术人员从业资格考试前复习参考使用。

图书在版编目(CIP)数据

车辆技术评估：模块H/程晟主编. —北京：人民交通出版社，2013.3

浙江省机动车维修技术人员从业资格培训教材

ISBN 978-7-114-10406-0

Ⅰ.①车… Ⅱ.①程… Ⅲ.①机动车－检测－技术培训－教材 Ⅳ.①U472.9

中国版本图书馆CIP数据核字(2013)第039950号

浙江省机动车维修技术人员从业资格培训教材

书　　名：**车辆技术评估**(模块H)

著 作 者：程　晟

责任编辑：顾犥鲁　翁志新

出版发行：人民交通出版社

地　　址：(100011)北京市朝阳区安定门外外馆斜街3号

网　　址：http://www.ccpress.com.cn

销售电话：(010)59757973

总 经 销：人民交通出版社发行部

印　　刷：北京鑫正大印刷有限公司

开　　本：720×960　1/16

印　　张：13.5

字　　数：210千

版　　次：2013年3月　第1版

印　　次：2013年3月　第1次印刷

书　　号：ISBN 978-7-114-10406-0

定　　价：32.00元

前言

FOREWORD

交通部颁布实施的《道路运输从业人员管理规定》，规定了机动车维修技术负责人、质量检验人员及从事机修、电器、钣金、涂漆、车辆技术评估（含检测）作业的技术人员实行从业资格考试制度。从业资格考试是根据浙江省道路运输管理局印发的《浙江省机动车维修技术人员从业资格培训大纲》、《浙江省汽车维修企业价格结算员、业务接待员、汽车车身美容装潢工、轮胎修理工、摩托车维修工从业资格考试大纲》、考试题库、考核标准、考试工作规范和程序组织实施。

为配合浙江省机动车维修技术人员从业资格考试，做好相关的从业人员的培训工作，我们组织相关老师及长期从事技术管理的有关人员，编写了浙江省机动车维修技术人员从业资格培训教材。本套丛书共13册，分别为：《职业道德和法律法规（模块A）》、《技术质量管理（模块B）》、《维修检验技术（模块C）》、《发动机与底盘检修技术（模块D）》、《电器维修技术（模块E）》、《车身修复（模块F）》、《车身涂装（模块G）》、《车辆技术评估（模块H）》、《汽车维修价格结算（模块I）》、《汽车维修业务接待（模块J）》、《汽车美容与装饰（模块K）》、《汽车轮胎修理（模块L）》、《摩托车维修（模块M）》。

本教材是依据浙江省机动车维修服务的实际需要，配合浙江省维修企业管理部门的要求及从业人员在职学习的特点，按照理论与实践相结合的原则编写的。在注重加强机动车维修技术人员的理论学习与实际操作能力提升的同时,也适当加入了机动车维修发展的前沿技术等方面的知识。

本书由浙江交通技师学院的程晟老师担任主编,应建明、叶智勇、田宝春、周健老师担任参编。

由于时间仓促和编写的水平有限,书中难免存在一定的疏漏和不足之处,敬请业内同行和使用者批评指正,以便教材再版时不断修改完善与提高。

浙江省机动车维修技术人员
从业资格培训教材编写组
2013 年 1 月

目 录

CONTENTS

第一章　发动机电子控制装置

第一节　电控汽油喷射系统的结构

电子控制汽油喷射系统的作用是根据检测的空气量、发动机转速等各种工况参数的信号，由发动机 ECU 计算出发动机燃烧所需要的汽油量，向喷油器提供喷油脉冲信号，将一定压力的汽油，通过喷油器供给发动机，配制出一定数量、合适浓度的可燃混合气，进入汽缸。

一　电子控制汽油喷射的分类与组成

（一）电子控制汽油喷射系统的分类

1. 按汽油喷射的位置分

根据汽油喷射的位置，汽油喷射系统可分为直接喷射到汽缸内部的缸内直接喷射系统和喷射到进气管内的缸外进气管喷射系统两大类。缸外喷射系统又可分为单点喷射系统和多点喷射系统，如图 1-1 所示。

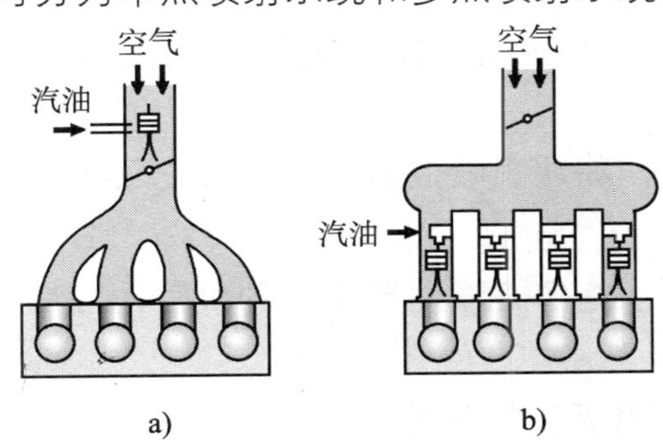

图 1-1　缸外喷射系统

a）单点喷射；b）多点喷射

(1)单点喷射(SPI)系统。指在进气管集合部(节气门体上)只装1只或2只喷油器,将汽油喷入进气流中,形成可燃混合气后,再分配到各个汽缸,如图1-1a)所示。

(2)多点喷射(MPI)系统。指在每个缸的进气门前均安装一只喷油器,如图1-1b)所示。喷油器适时适量地将汽油喷在进气门前方,与空气混合形成混合气进入汽缸。

2. 按喷射方式分

按汽油喷射方式,汽油喷射系统可以分为连续喷射系统和间歇喷射系统。

(1)连续喷射系统。指在发动机运行期间,喷油器连续不间断地把汽油喷入进气管中,喷油量与进入汽缸的空气量成正比。早期的机械式喷射系统中有运用。

(2)间歇喷射系统。在发动机运转期间,汽油间歇喷射,其喷油量大小取决于喷油器开启持续时间,即ECU指令的喷油脉冲宽度。电控汽油喷射系统一般都用这种方式。间歇喷射又可分为与发动机转速同步的同步喷射和与发动机转速不同步的异步喷射两种喷射方式。

3. 按喷射时序分

按喷射时序,多点间歇汽油喷射系统又可分同时喷射、分组喷射和次序喷射。

(1)同时喷射。一般采用发动机每转一圈,各缸喷油器同时喷射一次。

(2)分组喷射。将所有喷油器分成两组或三组(六缸机),各组喷油器依次交替喷射。

(3)次序喷射。指各缸喷油器按发动机工作顺序,依次把汽油喷入各缸进气歧管。

4. 按控制系统有无反馈分类

按控制系统有无反馈,可将汽油喷射系统分为开环控制系统和闭环控制系统两类。

(1)开环控制系统。在发动机运行中,ECU 检测发动机的各输入量,根据这些输入量,从 ROM 中查取相应的控制参数输出控制信号,而不去检测控制结果,对控制结果的好坏不能作出分析判断,这种控制系统称为开环控制系统。

(2)闭环控制系统。在开环控制系统中增加一个氧传感器,安置在排气管内,监测排气中氧的含量,并将该信号输送给 ECU,ECU 根据检测的实际结果调整喷油量的大小,这种控制又称为反馈控制。闭环控制式汽油喷射系统的控制框图如图 1-2 所示。闭环控制精度高,不受发动机各零件老化、磨损的影响,所以,目前广泛应用在电控汽油喷射系统中。闭环控制只适合于部分工况,并不是所有工况都采用闭环控制。

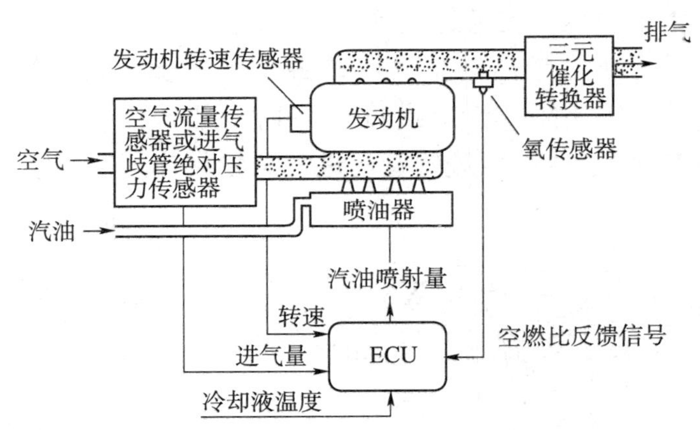

图 1-2　闭环控制式汽油喷射系统的控制框图

(二)电控汽油喷射系统的基本组成及功能

电控汽油喷射系统尽管类型很多,但它们都具有相同的控制原则,即以 ECU 为控制核心,以空气流量和发动机转速为控制基础,以喷油器等为控制对象,保证获得与发动机各种工况相匹配的最佳混合气成分。大致由进气系统、汽油供给系统和电子控制系统三个部分组成。

二 进气系统主要部件结构

1. 空气流量计(MAF)

空气流量计安装在空气滤清器和节气门之间,用来测量进入汽缸内空气量,并转变成电信号输送至 ECU。目前常用的是热式空气流量计,有热线式和热膜式两种类型。

热式空气流量计结构如图 1-3 所示。内部的发热元件在工作状态下保持一定的温度,当空气流经时,带走发热元件表面热量。为了保持发热元件的温度,控制电路会加大热线的电流,弥补热量损失。检测出该电流就可以推算出进入发动机的空气量。

2. 进气歧管绝对压力传感器(MAP)

进气歧管绝对压力传感器是检测进气歧管的压力,并产生信号输送至 ECU,ECU 可根据该压力信号和转速信号推算出发动机的进气量。常见的半导体压敏电阻式传感器如图 1-4 所示,该传感器一般安装在振动量较小的车身处,通过橡胶软管与进气总管相连。

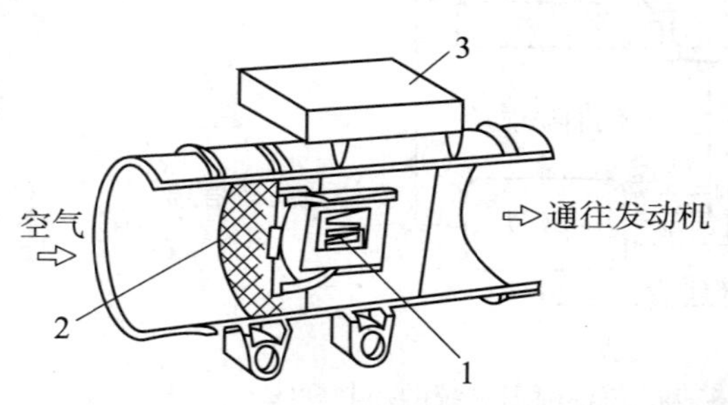

图 1-3 空气流量计结构图

1-发热元件;2-金属网;3-控制电路

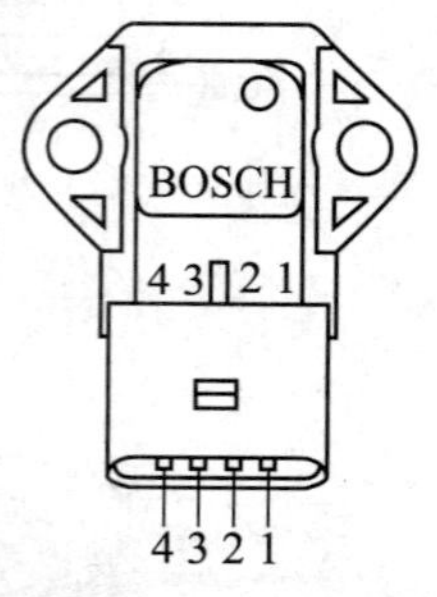

图 1-4 进气歧管绝对压力传感器

3. 进气温度传感器

进气温度传感器的作用是检测吸入发动机(进入空气流量计)的空气温度,根据进气温度,由 ECU 对喷油器的喷油量进行调整。进气温度传感器内部结构是一个负温度系数的热敏电阻,如图 1-5 所示。

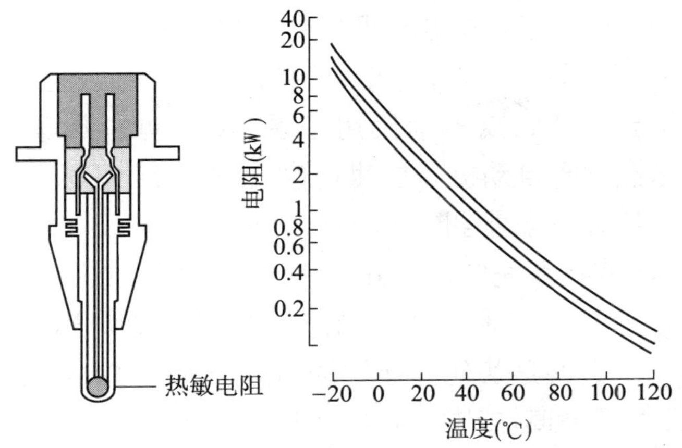

图 1-5　进气温度传感器

4. 节气门位置传感器(TPS)

节气门位置传感器安装在节气门轴上与节气门联动，节气门轴侧面的电位计将节气门的开度的变化转化成电阻(或开关)的变化，ECU 根据此电阻(或开关)的变化，测得发动机节气门的位置情况，以反映发动机的不同工况(怠速、加速、减速)以及发动机的负荷状态。常见的节气门位置传感器原理如图 1-6 所示，由一个怠速开关和一个线性可变电阻组合而成，怠速开关用来产生怠速信号，线性可变电阻反映节气门的开度。

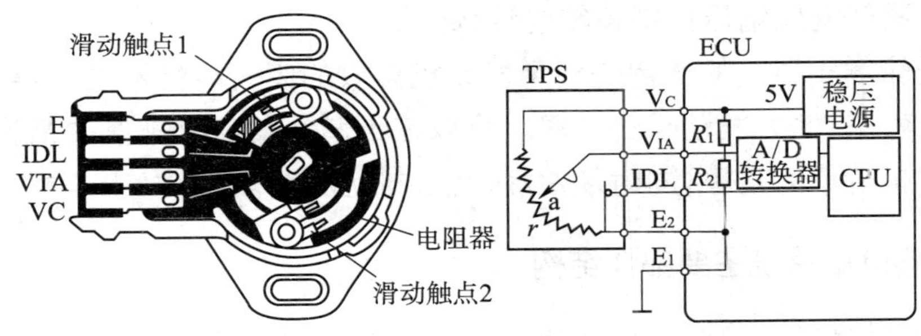

图 1-6　节气门位置传感器原理图

5. 怠速控制阀

1)步进电动机式怠速控制阀

在节气门体上装有步进电动机式怠速控制阀,如图 1-7 所示,其功用是自动调节发动机怠速转速,使发动机在设定的怠速转速下稳定运转。在发动机温度较低或车辆使用空调、转向助力器等负荷加大时,ECU 控制怠速控制阀自动提高怠速转速,以防止熄火。

2) 节气门直动式怠速控制执行机构

有些发动机控制系统中没有安装步进电动机式怠速控制阀,怠速由节气门直接控制,这种控制方式也称节气门直动式怠速控制。ECU 驱动直流电动机,通过减速齿轮直接驱动节气门的动作,控制发动机怠速,它没有怠速空气旁通道,如图 1-8 所示。

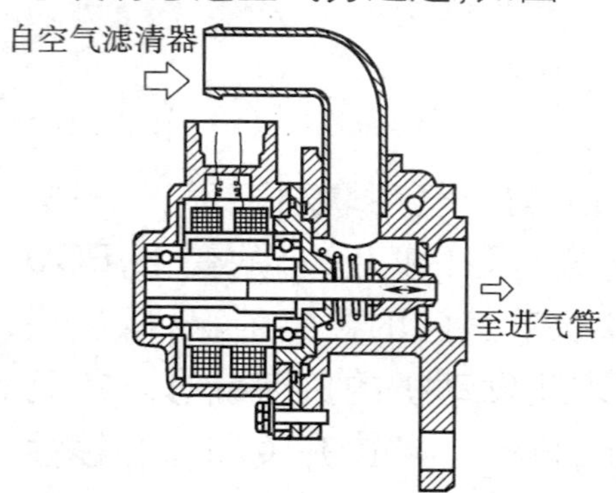

图 1-7　步进电动机式怠速控制阀

图 1-8　节气门直动式怠速控制执行机构

6. 进气涡轮增压控制系统的结构

涡轮增压系统的作用是利用发动机排放的废气能量给进气增压,提高充气效率,增大发动机的功率。可以在不增大发动机排量的情况下增大发动机的最大功率,同时使油耗降低,排污减小。

三 燃料供给系统主要部件结构

在燃料供给系统中,电动汽油泵将汽油从油箱泵出,经过汽油滤清器后,再经汽油压力调节器压力,然后经输油管配送给各个喷油器,喷油器根据 ECU 发来的喷射信号,把适量汽油喷射到进气歧管中。燃料供给系统主要由汽油箱、电动汽油泵、汽油压力调节器、汽油滤清器、喷油器等构成。目前一些车辆还采用了新型无回油燃料供给系统，在该系统中取消了汽油压力调节器。

1. 电动汽油泵

电动汽油泵把燃油从燃油箱吸出并提高燃油压力，供给燃料供给系统使用。直流电动机通电后带动电动汽油泵旋转，将燃油从进油口吸入，流经电动汽油泵内部，再从出油口压出供给燃料供给系统。电动汽油泵内部还设有滤网、安全阀和止回阀，如图 1-9 所示。电动汽油泵大多经托架安装在燃油箱内，也有部分汽车将电动汽油泵安装在车架上。

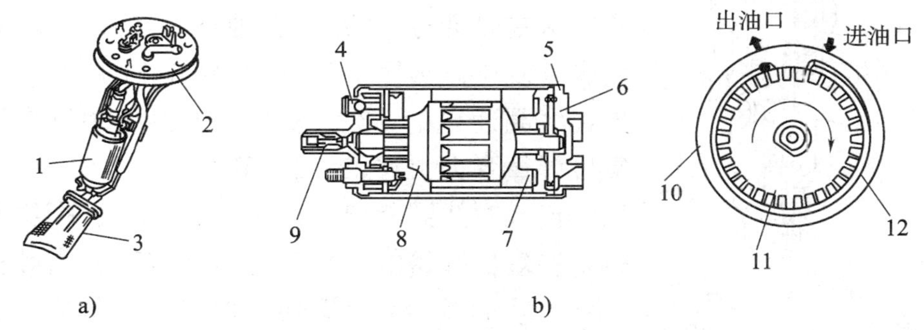

图 1-9　电动汽油泵

a) 电动汽油泵结构；b) 电动汽油泵工作原理

1-电动汽油泵；2-电动汽油泵托架；3-电动汽油滤清器；4-安全阀；5-泵壳；6、11-叶轮转子；7-泵壳；8-电枢线圈；9-止回阀；10-机壳；12-导油槽

安全阀是一种安全保护装置，在工作中，当出现管路堵塞，工作压力上升到 400kPa 以上时，安全阀打开，高压汽油流到进油室，防止管路内压力过高。止回阀可防止汽油倒流，保持管路残余压力，便于发动机热起动。

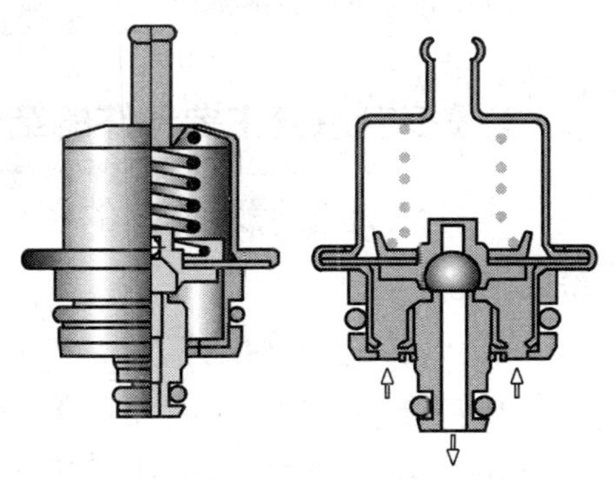

图 1-10　汽油压力调节器

2. 汽油压力调节器

汽油压力调节器（图 1-10）的作用

是控制喷油器的喷油压力使之与进气歧管的绝对压力差保持恒定(即保持喷油压力与喷油环境压力的差值一定),一般为250kPa。当汽油压力超过调压弹簧和进气歧管真空吸力的合力时,膜片被顶起,出油阀打开,汽油经回油管流回油箱,油压越高,出油阀打开越多,回油量越大,从而保证送给喷油器的汽油压力不变。

3. 喷油器

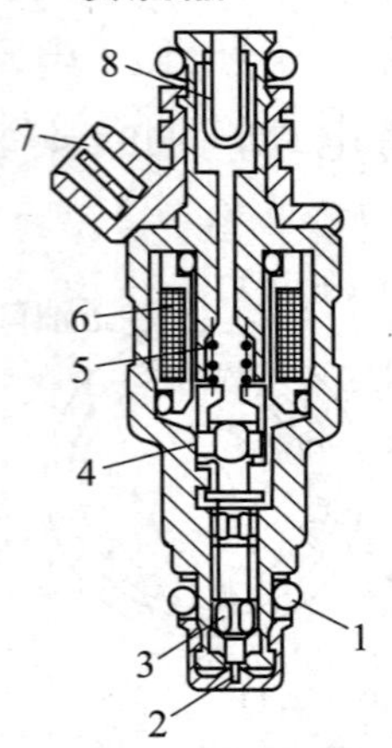

图1-11 轴针式喷油器结构示意图

1-O形密封圈;2-轴针;3-针阀;4-衔铁;5-复位弹簧;6-电磁线圈;7-进油管接头;8-滤网

喷油器是发动机电子控制系统中的一个重要执行元件,它接收ECU的喷油控制指令,适时适量地将燃油雾状喷入进气歧管或汽缸内。它安装在燃油分配管上,由轴针、针阀、衔铁、复位弹簧及电磁线圈等组成,如图1-11所示。当电磁线圈通电时,产生吸力使衔铁和轴针克服复位弹簧弹力上移,针阀打开,燃油从喷孔中喷出。当电磁线圈断电时,电磁吸力消失,衔铁和轴针在复位弹簧的作用下复位,针阀关闭,喷油停止。喷油量的大小取决于电磁线圈的通电时间,即针阀的打开时间。喷油器上的滤网用于过滤燃油中的杂质,O形密封圈起到密封作用,上部O形密封圈防止漏油,下部O形密封圈防止漏气。

四 电子控制系统主要部件的结构

电控汽油喷射系统中的控制系统由传感器、电控单元(ECU)、执行器组成。

(一)传感器的结构

传感器是电控汽油喷射系统的"触角",是感知信息的部件,负责向电控单元提供汽车的运行状况和发动机的工况信息,作用是把汽车的运行状况非电量信号转化成电控单元能理解的电量信号。

1. 冷却液温度传感器结构

它安装在发动机机体或汽缸盖上，与冷却液接触，用来检测发动机冷却液的温度，并将检测结果传输给电控单元，用于修正喷油量、控制点火时间和怠速转速等。发动机温度传感器内部是一个半导体热敏电阻。冷却液温度越低，热敏电阻的阻值越大，反之亦然。

2. 凸轮轴位置传感器和发动机转速传感器（CKP/TDC）

凸轮轴位置传感器（也称活塞上止点位置传感器）和发动机转速传感器（也称曲轴转速传感器）都属于转速传感器，用于检测活塞上止点、曲轴转角及发动机转速，是发动机电子控制系统中最主要的传感器之一，提供点火和喷油时刻（点火提前角），确认曲轴位置的信号。常见有磁电式和霍尔式两种类型。一般安装部位有曲轴前端、曲轴后端、飞轮上、凸轮轴前端或分电器内。

1）磁电式曲轴转速传感器

如图 1-12 所示，它由磁感应线圈、磁铁和信号盘构成，当信号盘与曲轴同步旋转时，由于空气间隙的改变，使磁感应线圈内的磁通量改变，由此传感器产生交变的自感电动势，控制单元根据交变电压信号产生频率判断曲轴转速。信号盘上共 60 齿，在一处缺两齿，此处标记为 1 缸活塞上止点前 72°，它作为电控单元判断曲轴转角位置的基准标记。

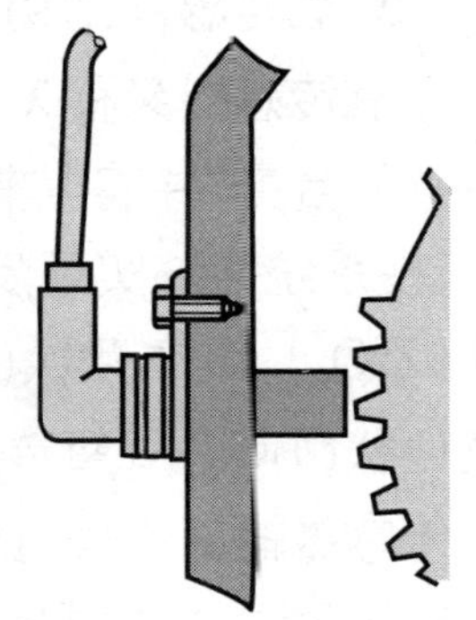

图 1-12　磁电式转速传感器原理图

2）霍尔式转速传感器

霍尔式转速传感器由霍尔基片、磁铁和信号盘组成。工作原理如图 1-13所示，传感器转子由凸轮轴或曲轴驱动，转子上有与缸数相同的叶片，当叶片转动时，磁力线被隔断，霍尔电压下降接近 0，在分电器转动一周过程中，传感器输出和汽缸数相同的矩形电压脉冲信号。常见的霍尔电压有 5V、9V、12V 三种规格。

很多车辆将曲轴转速传感器和凸轮轴位置传感器分开。凸轮轴位置传感器通常安装在凸轮轴前端或分电器内,曲轴转速传感器通常安装在曲轴前端或飞轮上。

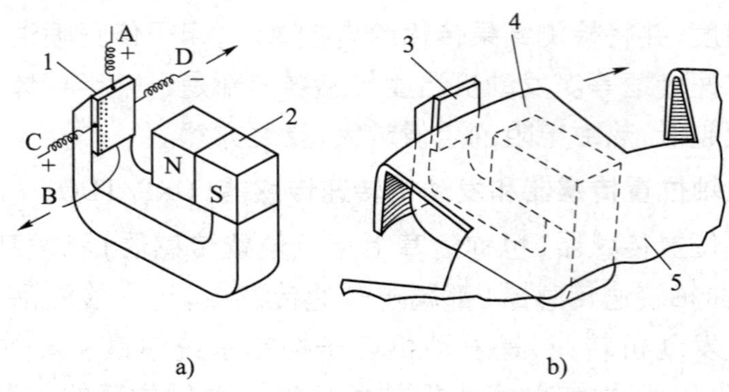

图 1-13 霍尔式转速传感器工作原理图

1、3-霍尔半导体片;2-磁体;4-转子叶片;5-转子

3. 氧传感器结构

氧传感器又称λ传感器,安装在排气管上,其作用是检测排气管尾气中氧的含量,并将其转换成电压信号输入电控单元,以判定混合气的浓度,使系统能够实现反馈控制(闭环控制)。目前使用的氧传感器有氧化锆(ZrO_2)式、氧化钛(TiO_2)式、宽量程氧传感器几种。氧化锆(ZrO_2)式、氧化钛(TiO_2)式氧传感器输出信号电压在0.1~0.9V不断变化,宽量程氧传感器输出信号电压在0~5V不断变化。排气中氧分子的浓度与进入发动机的混合气成分有关,当混合气太稀时,排气中氧分子的浓度较高,氧传感器将产生一个低电压信号;当混合气太浓时,排气中氧分子的浓度低,氧传感器将产生一个高电压信号。系统中电控单元根据氧传感器的信号,不断地修正喷油量,使混合气成分始终保持在最佳范围内。

现在,大部分汽车使用带加热器的氧传感器,这种氧传感器内有一个电加热元件,可在发动机起动后的20~30s内迅速将氧传感器加热至工作温度,这种氧传感器带有加热电源线。

(二)电子控制单元(ECU)

电子控制单元(ECU)的功用是采集和处理各种传感器的输入信

图 1-14 电子控制单元(ECU)

号,根据发动机工作的要求,进行控制决策的运算,并输出相应的控制信号(喷油脉宽、点火提前角等)。当前电控发动机中除了控制喷油、点火外,还控制 EGR、怠速等。电控单元由微型计算机、输入回路、输出回路及 A/D 转换器等组成。输入的信号有模拟信号和数字信号,其中模拟信号需经 A/D 转换器后进入电控单元。汽车电控单元输出的信号以开关信号为主,其次为电流信号和脉冲信号,如图 1-14 所示。

电子控制汽油喷射系统中主要的执行器有喷油器、怠速控制阀,前面章节已经介绍。

第二节 电控柴油机简介

影响供油量及喷油正时的因素不仅仅只是转速和负荷,而且还有进气温度、冷却液温度、进气压力等,对于这些影响因素的变化,普通机械控制式喷油泵是无能为力的。为了改善柴油机运转性能和降低燃油消耗率,同时也为了适应严格的柴油机排放标准的需要,从 20 世纪 80 年代初期开始,各种电子控制柴油喷射系统(以下简称电控柴油喷射系统)相继问世。

一 电控柴油喷射系统的发展情况

第一代位置控制系统。在传统的喷射系统基础上首先发展起来的电控喷射系统是位置控制系统,称为第一代电控喷射系统。位置控制系统不仅保留了传统的泵—管—嘴系统,还保留了原喷油泵中的齿条、滑套、柱塞上的斜槽等控制油量的机械传动机构,只是对齿条或者滑套的运动位置予以电子控制。

第二代时间控制系统。基于电磁阀的时间控制系统则称为第二代电控喷射系统。时间控制系统是用高速强力电磁阀直接控制高压燃油,一般情况下,电磁阀关闭,开始喷油;电磁阀打开,喷油结束。喷油始点取决于电磁阀关闭时刻,喷油量取决于电磁阀关闭的持续时间。传统喷油泵中的齿条、滑套、柱塞上的斜槽和提前期等全部取消,对喷射定时和喷射油量控制的自由度更大。

第三代共轨电控喷射系统。到了20世纪90年代,第三代电控系统燃油分配管(共轨)式时间控制型电控柴油喷射系统得到了快速发展。共轨式电控喷射系统改变了传统的柱塞泵脉动供油的原理,采用压力时间式燃油计量原理,用电磁阀控制喷射过程,可以实现对喷射油量和喷射定时的灵活控制。

二 第三代共轨电控喷射系统

目前汽车上运用越来越多的是第三代共轨电控喷射系统,系统中燃油在供油泵内增压到120~140MPa后,先供入燃油分配管,再由燃油分配管分配到各缸喷油器,如图1-15所示。喷油器直接由电控单元控

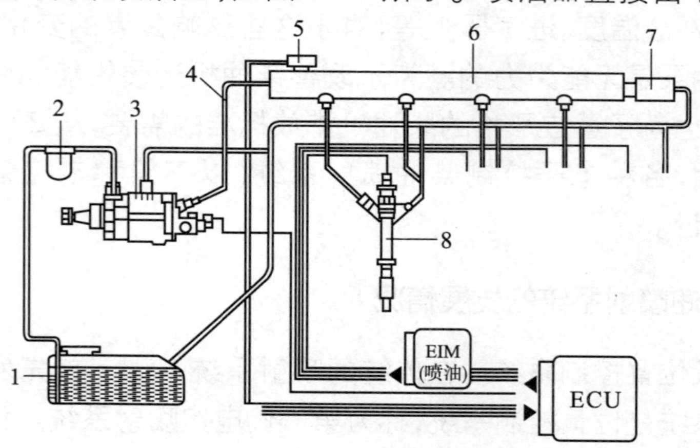

图1-15　共轨电控喷射系统

1-柴油箱;2-柴油滤清器;3-供油泵;4-高压油管;5-燃油压力传感器;6-燃油分配管;7-限压阀;8-喷油器

制其启闭，这与电控汽油喷射系统基本相同，所不同的是，由于柴油机喷油压力较高，因此，燃油分配管需承受较高的燃油压力。

1. 喷油量的控制

电控单元根据加速踏板位置和柴油机转速等传感器的信号确定基本喷油量，再按进气管压力传感器和燃油温度传感器等传感器及起动开关输入的信息进行修正，最后计算出最佳喷油量，并向喷油器通电。电控单元通过控制通向喷油器的电脉冲宽度（通电时间）来控制喷油量。

2. 喷油定时的控制

电控单元根据加速踏板位置和柴油机转速确定基本喷油时刻，再按进气管压力传感器和冷却液温度传感器等传感器以及起动开关输入的信号进行修正，最后确定出最佳喷油时刻，电控单元按此时刻向喷油器通电，即电控单元对喷油器通电的时刻决定了喷油始点。

3. 喷油压力的控制

喷油压力等于燃油分配管内的燃油压力。在燃油分配管上设置燃油压力传感器和限压阀，后者用来防止燃油分配管内油压过高。压力传感器实时反馈共轨中的压力，通过控制共轨压力控制阀（PCV）的电流来调整进入共轨的燃油量和轨道压力，形成独立的共轨压力闭环子系统。

4. 喷油规律的控制

喷油规律是指喷油速率随时间或曲轴转角的变化关系，而喷油速率则是单位时间的喷油量，如图 1-16 所示。由于喷油规律对柴油机的性能有重要影响，因此，针对具有不同混合气形成与燃烧方式的柴油机应选择不同的喷油规律。在燃油分配管式电控柴油喷射系统中，当喷油压力保持不变时，喷油量唯一决定于电控单元对喷油器的通电脉冲宽度。因此，只要改变指令脉冲就可以改变喷油规律。

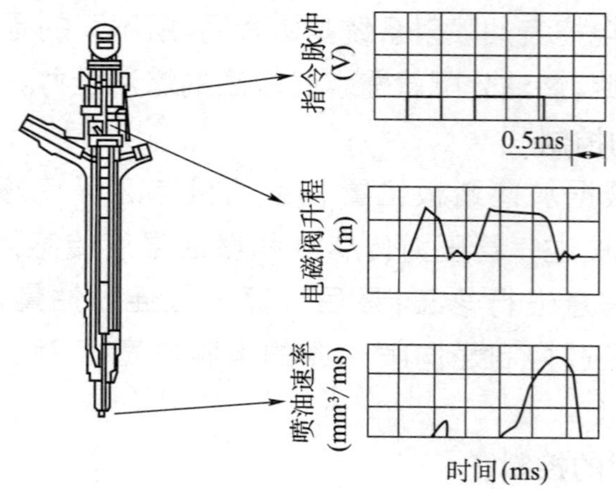

图 1-16　喷油规律的控制

第三节　计算机控制点火系统的结构

计算机控制点火系统的作用是利用计算机接收各传感器信号控制点火。一般由相关传感器、分电器、点火控制模块、电控单元、点火线圈和火花塞等组成。

一 计算机控制点火系统的工作原理

发动机运转时,曲轴位置传感器和上止点位置传感器判断出曲轴转速和压缩上止点位置,电控单元根据发动机的转速和负荷信号确定基本点火提前角并根据其他传感器信号进行实时修正,向点火控制装置发出精确的点火控制指令;同时电控单元利用爆震传感器对点火提前角实施反馈控制。具有爆震控制功能的点火系统能使点火时刻控制在爆震边缘的一个较小余量内,使汽油机在大部分运行工况都处于刚好不致产生爆震的临界状态,这样既可控制爆震的发生,又能更有效地得到发动机的输出功率,使汽油机的动力性处于最佳。同时系统还具有故障自诊断功能。

二 计算机控制点火系统分类

计算机控制点火系统主要有两种形式：分电器式点火系统和无分电器式点火系统。

无分电器式点火系统最主要的特点是完全取消了传统的分电器，由电控单元中附加的点火控制电路和分电电路控制点火控制模块，实现对点火的控制。对于无分电器点火系统，按点火方式可分为双缸同时点火方式和单缸独立点火方式两种类型，如图 1-17 所示。

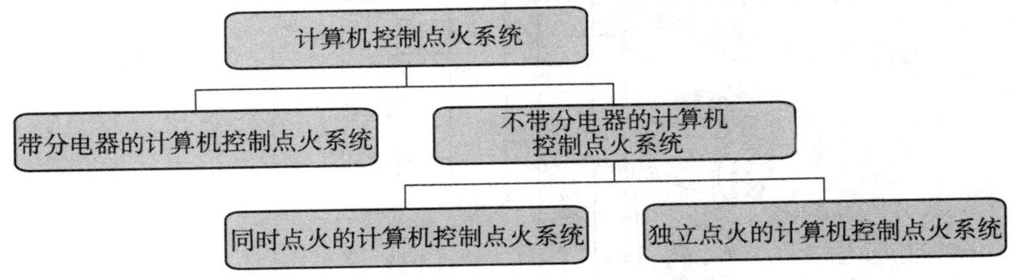

图 1-17　计算机控制点火系统分类

三 有分电器的计算机控制点火系统的组成

有分电器的计算机控制点火系统由蓄电池、点火开关、点火线圈、点火模块、分电器、发动机电控单元和相关传感器组成，如图 1-18 所示。有分电器式电控点火系统，在送至点火器的点火正时信号（IGt）变为低电平时，点火线圈初级电流被切断，次级线圈中感应出高压，再由分电器送至相应汽缸的火花塞产生电火花。

四 无分电器式计算机控制点火系统

为了提高点火能量和减少点火系统产生的电磁干扰，无分电器式电控点火系统在汽车上的运用越来越广泛。无分电器式电控点火系统取消了传统的分电器，没有分电器盖和分火头，由点火线圈产生的高压电直接送到火花塞，因此又称为“直接点火系统”。这种点火方式的点火

提前角完全由发动机电控单元控制。工作原理如图1-19所示

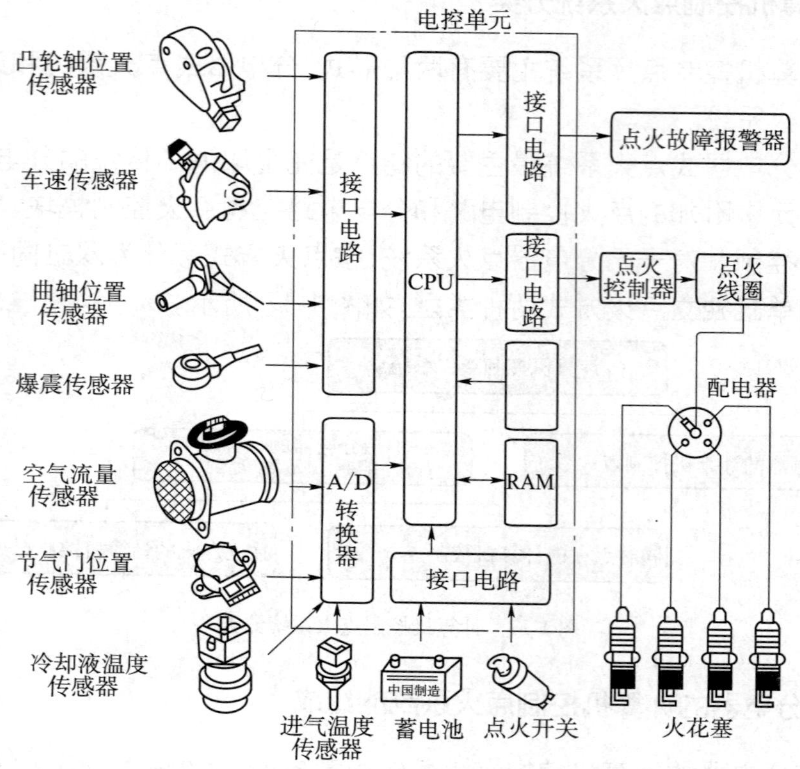

图1-18 带分电器的计算机控制点火系统

目前,无分电器式电控点火系统常采用以下两种方式:两个汽缸合用一个点火线圈的同时点火方式和一个汽缸使用一个点火线圈的单独点火方式。

1. 同时点火方式

同时点火方式又称双缸同时点火系统,是指两个汽缸共用一个点火线圈,其次级绕组的两端分别与两个汽缸上的火花塞相连接。四缸发动机用的无分电器同时点火方式结构如图1-20a)所示,其中有两个点火线圈,每个点火线圈控制两个汽缸的点火。点火线圈每产生一次高压都使配对的两缸火花塞同时跳火,其中一缸是有效点火,另一缸是无效点

火，如图 1-20b）所示。

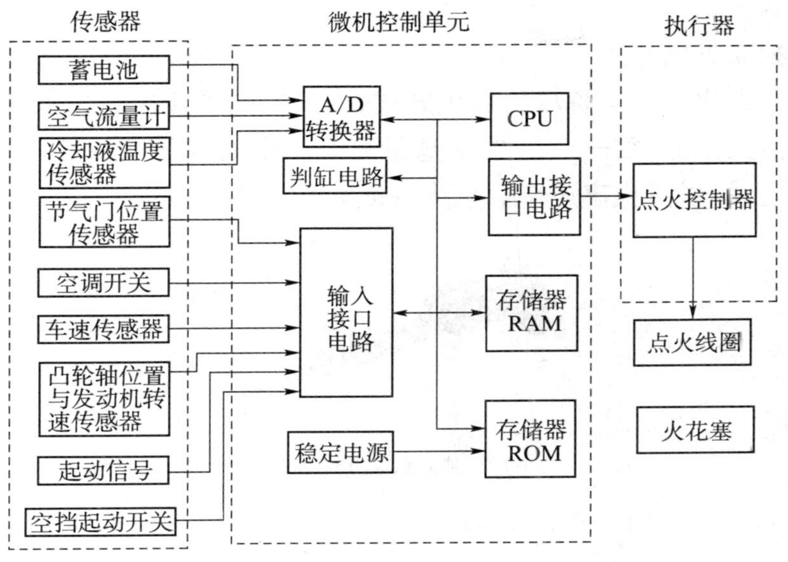

图 1-19　无分电器式计算机控制点火系统框图

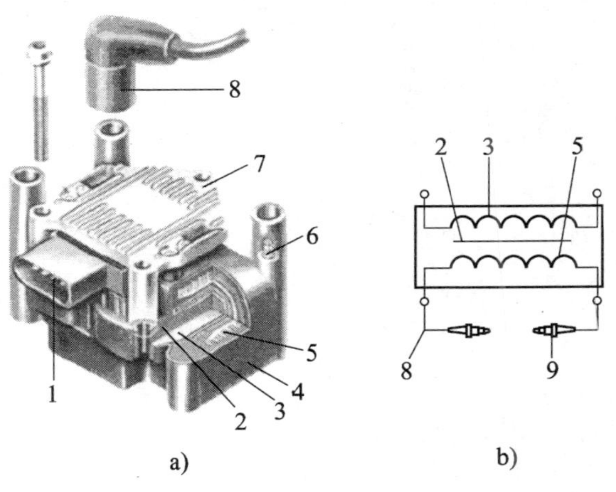

图 1-20　同时点火方式点火线圈

a）结构图；b）原理图

1-插头；2-铁芯；3-初级线圈；4-壳体；5-次级线圈；6-高压接柱；7-点火模块；8-高压线；9-火花塞

同时点火方式点火高压的分配又分为二极管分配和点火线圈分配两种方式。

2. 独立点火方式

独立点火方式又称单独点火方式,这种方式的直接点火系统取消了公共的点火线圈,每一汽缸火花塞各配有一个独立的点火线圈,安装在火花塞上,提供点火高压电。点火线圈如图 1-21 所示。

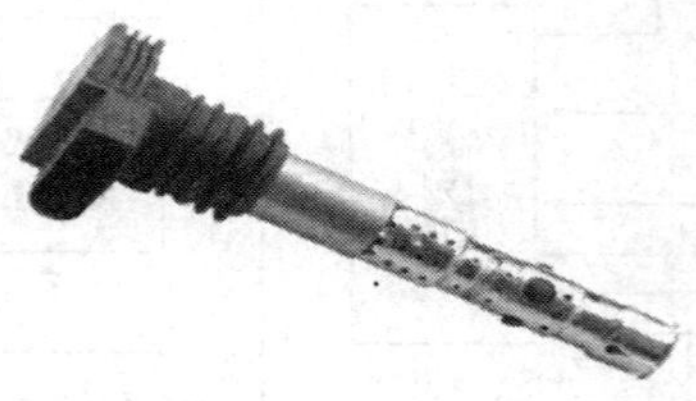

图 1-21　独立点火方式点火线圈

第二章 底盘电子控制系统

第一节 自动变速器

一 自动变速器的分类

自动变速器是一种可以在车辆行驶过程中自动改变传动比的汽车变速器，按结构和控制方式、车辆驱动方式、挡位数的不同来分可分为以下几种类型。

1. 按变速形式分

按变速形式不同，可分为有级变速器与无级变速器两种。

有级变速器是具有有限几个定值传动比（一般有 3 ~5 个前进挡和一个倒挡）的变速器。

无级自动变速器能使变速器在起始转矩和终结转矩多种传动比之间连续调整，使发动机始终处于最佳传动比范围之内。

2. 按齿轮变速器的类型分

自动变速器按齿轮变速器的类型不同，可分为普通齿轮式和行星齿轮式两种。普通齿轮式自动变速器体积较大，最大传动比较小，使用较少。行星齿轮式自动变速器结构紧凑，能获得较大的传动比，为绝大多数轿车采用。

3. 按齿轮变速系统的控制方式分

自动变速器按控制方式不同，可分为液力控制自动变速器和电子控制自动变速器两种。

液控自动变速器是通过机械的手段将车速及节气门开度两个参数

转变为液压控制信号,作用在控制阀上,使变速器按照设定的换挡规律,实现自动换挡。现在使用较少。

电控液动自动变速器是通过各种传感器,将传感器得到的信息输入电控单元;电控单元根据这些信息进行控制,实现自动换挡。目前应用最多,本文主要介绍这种类型的自动变速器。

4. 按车辆的驱动方式分

自动变速器按车辆驱动方式的不同,可分为后驱动自动变速器和前驱动自动变速器两种。

后驱动自动变速器用于发动机前置后轮驱动的布置形式,变速器与差减速器分开。前驱动自动变速器用于发动机前置前轮驱动,变速器与差减速器制成一个总成。

二 自动变速器的基本组成和基本原理

1. 基本组成

自动变速器主要由液力变矩器、行星齿轮机构、液压控制系统、供油系统、电子控制系统等组成。

2. 基本原理

图 2-1 所示为电控自动变速器的组成和原理图。

电控自动变速器是通过各种传感器,将节气门开度、车速、发动机转速、发动机冷却液温度、自动变速器 ATF 温度等参数信号输入电控单元(ECU),ECU 根据这些信号,按照设定的换挡规律,向换挡电磁阀、油压电磁阀等发出动作控制信号,换挡电磁阀和油压电磁阀再将 ECU 的动作控制信号转变为液压控制信号,阀板中的各控制阀根据这些液压控制信号,控制换挡执行元件的动作,从而实现自动换挡。

三 液力变矩器

液力变矩器位于自动变速器的最前端,安装在发动机的飞轮上,其作用是利用油液循环流动过程中动能的变化将发动机的动力传递给自动变速器的输入轴，并能根据汽车行驶阻力的变化，在一定范围内自动地改变传动比和转矩比，具有一定的减速增矩功能，转矩放大倍数一般为 2 ~3。

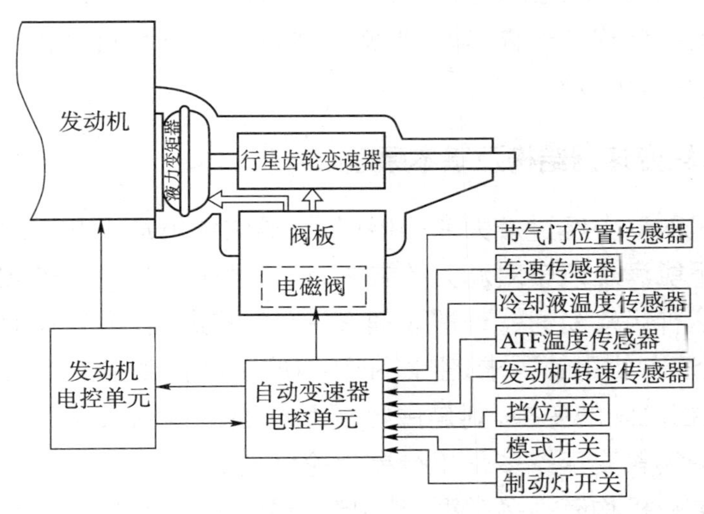

图 2-1　电控自动变速器的组成和原理图

如图 2-2 所示，液力变矩器通常由泵轮、涡轮和导轮三个元件组成，称为三元件液力变矩器。

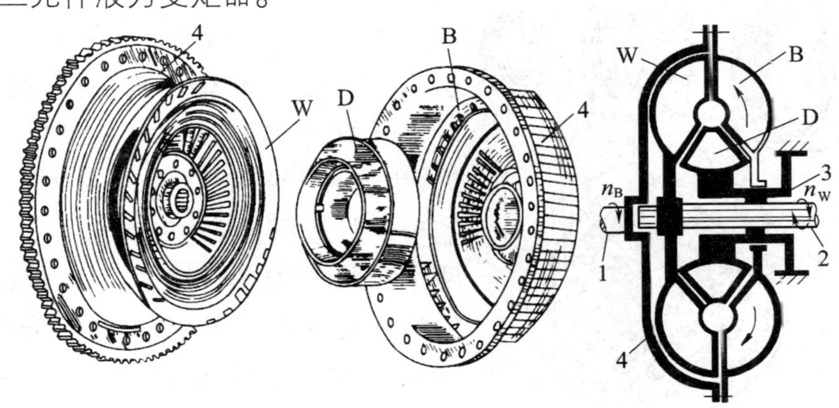

图 2-2　液力变矩器的组成

B-泵轮；W-涡轮；D-导轮；1-输入轴；2-输出轴；3-导轮轴；4-变矩器壳

为提高汽车的传动效率,减少燃油消耗,现代很多轿车自动变速器采用一种带锁止离合器的综合式液力变矩器,带锁止式液力变矩器的自动变速器,在一定车速下,控制系统使锁止离合器接合,液力变矩器主动部分和从动部分连成一体,输入变矩器的动力由压盘直接传至输出轴输出,传动效率为100%。

四 行星齿轮变速器结构及基本原理

发动机的动力经过液力变矩器以后,通常能够放大2~3倍,但这种效果远远不能满足汽车对动力的要求,还必须采用齿轮变速器进一步减速增扭。这种齿轮变速器一般设有2~5个前进挡,另外设有空挡和倒挡,以满足汽车使用的要求,空挡和倒挡的选择由驾驶人通过手柄来完成,而前进挡之间的变换,则是由控制系统通过操纵换挡执行元件自动实现。这种齿轮变速器多采用行星齿轮机构。

行星齿轮机构有很多类型,其中最简单的行星齿轮机构是由一个太阳轮、一个齿圈、一个行星架和支撑在行星架上的几个行星齿轮组成的,称为单行星排(图2-3)。行星齿轮的动作(每个部件的转速和方向)取决于给定的条件。

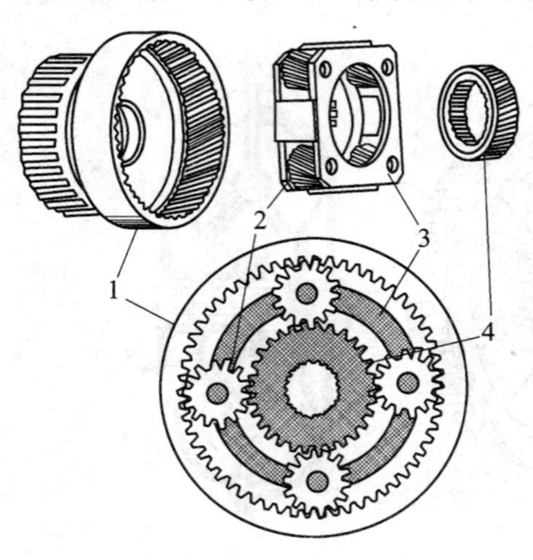

图2-3 行星齿轮机构
1-齿圈;2-行星齿轮;3-行星架;4-太阳轮

由于单排行星齿轮机构有两个自由度,因此,它没有固定的传动比,不能直接用于变速传动。只有将太阳轮、齿圈和行星架这三个基本元件中的一个加以固定(也称为制动),另外两个元件中的一个作为主动件、一个作为从动件才能构成一定的传动比。行星齿轮机构的变速原理如图2-4所示。

根据固定不同元件、不同主动件和从动件的组合,单排行星齿轮机构将实现不同的动作，见表 2-1。

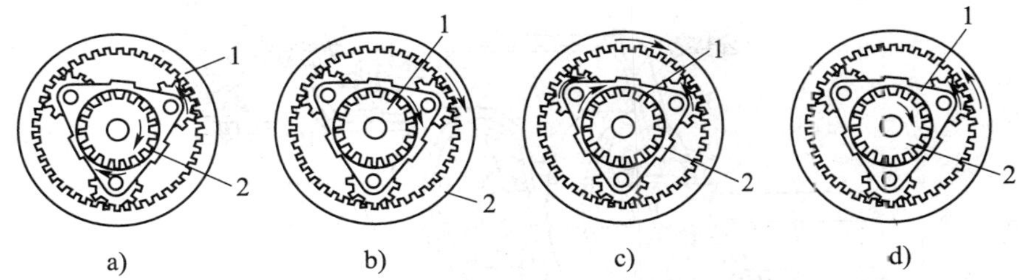

图 2-4　行星齿轮机构变速原理示意图

1-固定；2-主动

单排行星齿轮机构的运动规律表　　表 2-1

<table>
<tr><th>状态</th><th>固定</th><th>主动件</th><th>从动件</th><th>旋转速度</th><th>旋转方向</th><th>图示</th></tr>
<tr><td>1</td><td rowspan="2">齿圈</td><td>太阳轮</td><td>行星架</td><td>减速</td><td rowspan="2">同向</td><td>图 2-4b）</td></tr>
<tr><td>2</td><td>行星架</td><td>太阳轮</td><td>增速</td><td></td></tr>
<tr><td>3</td><td rowspan="2">太阳轮</td><td>齿圈</td><td>行星架</td><td>减速</td><td rowspan="2">同向</td><td>图 2-4a）</td></tr>
<tr><td>4</td><td>行星架</td><td>齿圈</td><td>增速</td><td>图 2-4c）</td></tr>
<tr><td>5</td><td rowspan="2">行星架</td><td>太阳轮</td><td>齿圈</td><td>减速</td><td rowspan="2">反向</td><td>图 2-4d）</td></tr>
<tr><td>6</td><td>齿圈</td><td>太阳轮</td><td>增速</td><td></td></tr>
<tr><td>7</td><td>无</td><td>一个</td><td>另一个</td><td>空挡</td><td>不定</td><td></td></tr>
<tr><td>8</td><td>无</td><td>两个</td><td>另一个</td><td>直接传动</td><td>同向</td><td></td></tr>
</table>

行星齿轮机构都是由若干个单行星齿轮排组合而成的，单行星齿轮排是组成较为复杂的行星齿轮机构的基础。根据行星齿轮排组合方式的不同，行星齿轮机构可分为辛普森式行星齿轮机构和复合式行星齿轮机构两种类型，它们在结构上有很大差异。

辛普森式行星齿轮机构是一种双排行星齿轮机构，如图 2-5 所示。拉维娜行星齿轮机构是一种复合式行星齿轮机构，如图 2-6 所示。

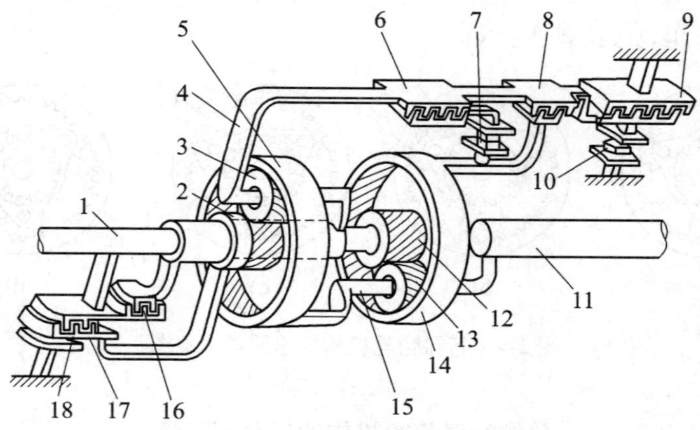

图 2-5　辛普森式行星齿轮机构

1-输入轴;2-前太阳轮;3-前行星小齿轮;4-前行星架;5-前环齿轮;6-前进离合器 C3;7-前进单向超速离合器 F1;8-前进强制离合器 C4;9-低挡及倒挡制动器 B2;10-低挡单向超速离合器 F2;11-输出轴;12-后太阳轮;13-后行星小齿轮;14-后环齿轮;15-后行星架;16-高挡离合器 C2;17-倒挡离合器 C1;18-2 挡及 4 挡制动器 B1

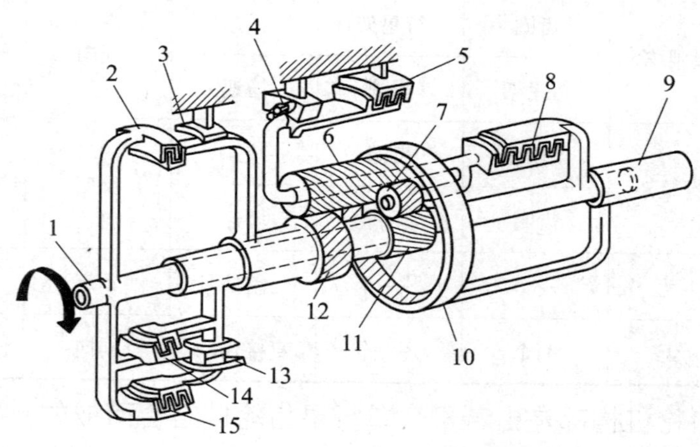

图 2-6　拉维娜行星齿轮机构

1-输入轴;2-倒挡离合器 C2;3-2 挡及 4 挡制动器 B1;4-低挡单向超速离合器 F1;5-低挡及倒挡制动器 B2;6-长行星小齿轮;7-短行星小齿轮;8-高挡离合器 C4;9-输出轴;10-环齿轮;11-后太阳轮;12-前太阳轮;13-前进单向超速离合器 F2;14-前进强制离合器 C3;15-前进离合器 C1

五 换挡执行机构

换挡执行机构的作用是用来改变行星齿轮中的主动元件或限制某个元件的运动，改变动力传递的方向和传动比，实现不同的传动比。

换挡执行机构由离合器、制动器和单向离合器3种不司的执行元件组成，实现连接、固定和锁止的作用。

离合器的作用是与离合器鼓和离合器毂连接的输入轴或行星齿轮机构的基本元件接合或分离，实现元件的连接，进行动力传递。

制动器是执行机构中的锁止元件，分带式制动器和片式制动器，作用是将行星齿轮机构中的某个元件固定。

单向离合器是依靠其单向锁止原理来发挥固定或连接作用的。当与之相连接的元件的受力方向与锁止方向相同时，该元件即被固定或连接；当受力方向与锁止方向相反时，该元件即被释放或脱离连接，因此，单向离合器的工作情况是由运动条件决定的。

六 液压控制系统

液压控制系统是由油泵、压力调节装置、阀体和各种控制阀组成的。阀体和油路设置在一个板块内，称为阀体总成，不同型号的自动变速器阀体总成的安装位置有所不同，有的装在上部，有的装在侧面，纵置的自动变速器一般装在下部。阀体内的自动变速器油由油泵供给，有一定的压力，各种控制阀控制自动变速器油的压力和流向。

油泵：油泵通常安装在变矩器的后方，由变矩器壳后端的轴套驱动。为变矩器，换挡执行机构，换挡操纵机构等部分提供一定油压的液压油。油泵有内啮合齿轮泵、转子泵和叶片泵。

调压装置：自动变速器的供油系统中，由于油泵的泵油量是变化的，自动变速器中各部分对油压的要求也不相同，必须设置油压调节装置。油压调节装置是由主油路调压阀（又称一次调压阀）、副调压阀（又称二次调压阀）、止回阀和安全阀等组成。

手动阀：手动阀通过连接装置与驾驶室的变速杆相连，操纵变速杆可以移动手动阀，进行油路转换，从而通过打开或关闭不同的油路，供驾驶人按工作需要选择 P、R、N、D、L 等挡位。

换挡阀：换挡阀为二位滑阀，其功用是在 ECU 控制的电磁阀作用下，自动切换元件油路，使换挡元件液压实现通断，从而进行换挡操作。

强制降挡阀：当将加速踏板踩到底时，使变速器自动降低一个挡位，以增大输出转矩，提高车辆的加速性能。

七 电子控制系统

电子控制系统将自动变速器的各种控制信号输入电子控制单元（ECU），经 ECU 处理后发出控制指令控制液压系统中的各种电磁阀实现自动换挡，并改善换挡性能。常用的传感器有节气门位置传感器、车速传感器、输入轴转速传感器、液压油温度传感器等，此外，还有控制开关和电磁阀等执行器。

电子控制装置中的控制开关有：空挡起动开关、模式开关、降挡开关、制动开关、挡位开关、超速挡开关等。

ECU 接收传感器的信息，经分析判断，产生控制指令，使执行器动作。ECU 控制可以让自动变速器在汽车规定的行驶条件下按最佳换挡时刻进行换挡，从而使汽车的动力性和经济性等指标达到最佳。

电子控制装置中的执行器是各种电磁阀。常见的有开关式电磁阀和脉冲线性式电磁阀两种。

第二节　防抱死制动系统

一 防抱死制动系统结构

汽车防抱死制动控制系统（ABS）是防止汽车在制动过程中车轮被

抱死滑移现象的控制系统，是在普通制动系统的基础上增加了一套制动压力电子控制系统。

汽车在制动过程中，车轮的运动可以划分为三个阶段：纯滚动、边滚边滑、完全拖滑。一般用滑移率 S 表征滑移动成分在车轮纵向运动中所占的比例，其计算公式为：

$$S=(V-r\omega)/V\times100\%$$

式中：S——车轮滑移率；

r——车轮自由滚动半径，m；

ω——车轮转动角速度，rad/s；

V——车轮中心的纵向速度，m/s。

滑移率表示车轮在纵向运动中滑移成分所占的比例。当车轮在路面上自由滚动时，车轮中心的纵向速度完全是由于车轮滚动产生的。此时，$V=r\omega$，因此，滑移率 $S=0$；当车轮被制动到完全抱死在路面上进行纯粹的滑移时，车轮中心的纵向速度则完全是由于车轮滑移产生的，此时 $\omega=0$，因此，滑移率 $S=100\%$；当车轮在路面上一边滚动一边滑移时，车轮的中心纵向速度的一部分是由于车轮滚动产生的，另一部分则是由于车轮滑移产生的，此时 $r\omega>V$，$100\%<S<0$。车轮与路面之间的附着系数 ϕ 是随滑移率而变化的，两者之间的关系如图 2-7 所示。

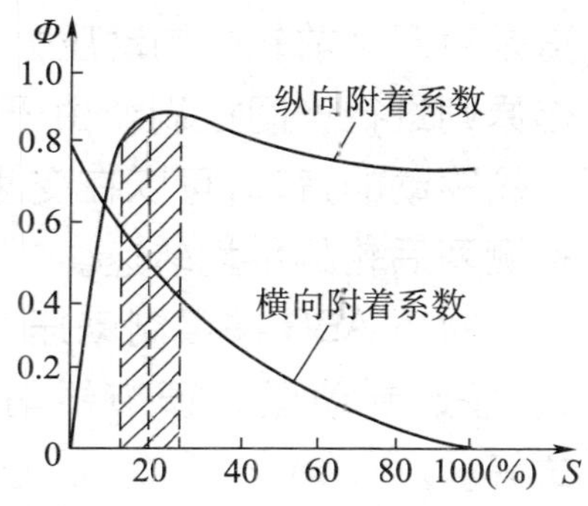

图 2-7　附着系数与滑移率的关系

汽车车轮的滑移率在 15%～20% 时，可以产生较大的制动力，保证汽车制动距离较短，同时可以保证汽车制动时的方向稳定性。

ABS 的作用就是在制动过程中通过 ECU 根据轮速传感器的转速信号，判断车轮的滑移率，调节制动轮缸的制动压力，从而，将车轮的滑移率控制在较为理想的范围之内，使车辆在紧急制动时的制动距离最短且有较好的操纵稳定性。

二 ABS 的类型

按控制通道和车轮转速传感器的数目进行分类。ABS 可分为四通道系统、三通道系统、双通道系统和单通道系统,而其布置形式却是多种多样。

(1)四通道 ABS。为了对四个车轮的制动压力进行独立控制,在每个车轮上各安装一个转速传感器。在通往每个制动轮缸的制动管路中各设置一个制动压力调节装置(控制通道)。由于四通道 ABS 可以最大限度地利用每个车轮的附着力进行制动,因此汽车的制动效能最好。但在附着系数分离(两侧车轮的附着系数不相等)的路面上制动时,若同一轴上两侧车轮的制动力不相等,会使汽车产生较大的偏转力矩而跑偏。因此,ABS 通常不对四个车轮进行独立的制动压力调节。

(2)三通道 ABS。四轮 ABS 大多为三通道系统,其中两个控制通道是对两个前轮的制动压力进行单独控制,对两后轮的制动压力则按低选原则进行一同控制。由于三通道 ABS 对两后轮进行一同控制,对于后轮驱动的汽车,可以在变速器或主减速器中只设置一个转速传感器来检测两后轮的平均转速。

对于 ABS 按照制动压力调节器调压方式分为循环式和可变容积式;按照制动压力调节器与制动主缸的结构关系分为整体式和分离式等。

三 ABS 基本组成及工作原理

ABS 主要包括车轮转速传感器、制动压力调节器、ECU 和 ABS 警告装置等。在如图 2-8 所示的 ABS 中,每个车轮上各安置一个转速传感器,将各车轮的转速信号输入 ECU。ECU 根据各个车轮转速传感器输入的信号,对各个车轮的运动状态进行监测和判定,并形成相应的控制指令。制动压力调节器主要由调压电磁阀总成、液压泵总成和储液器等组成整体,通过制动管路与制动主缸和各制动轮缸相连,制动压力调节器受 ABS ECU 的控制，对各制动轮缸的制动压力进行调节。

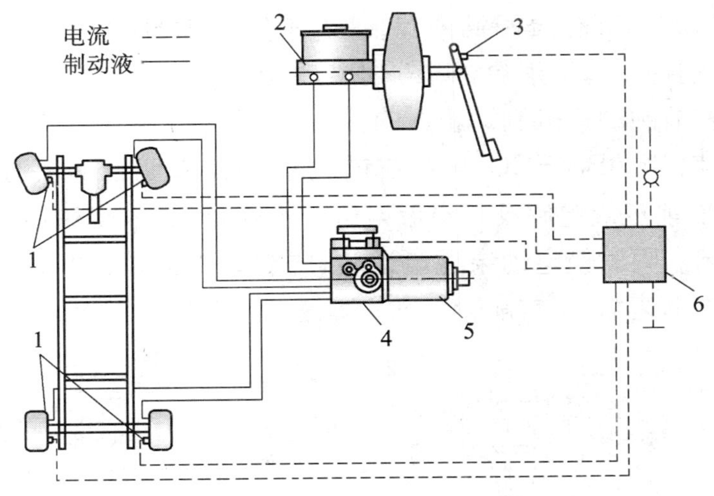

图 2-8　防抱死制动控制系统组成

1-轮速传感器；2-制动主缸；3-制动灯开关；4-制动压力调节器；5-电动机；6-电子控制器

ABS 的工作过程可以分为常规制动、制动压力保持、制动压力减小和制动压力增大等阶段，其工作过程如图 2-9 所示。

在常规制动阶段，如图 2-9a）所示，ABS 并不介入制动压力调节，调压电磁阀总成中的各进液电磁阀均不通电而处于开启状态，各出液电磁阀均不通电而处于关闭状态，液压泵也不通电运转，制动主缸至各制动轮缸的制动管路均处于沟通状态，而各制动轮缸至储液器的制动管路均处于封闭状态，各制动轮缸的制动压力将随制动主缸的输出压力而变化，此时的制动过程与常规制动系统的制动过程完全相同。

在制动过程中，当 ECU 根据车轮转速传感器输入的车轮转速信号判定有车轮趋于抱死时，ABS 就进入防抱死制动压力调节过程。例如，ECU 判定右前轮趋于抱死时，ECU 就使右前轮制动压力的进液电磁阀通电关闭，制动主缸输出的制动液不再进入右前制动轮缸，此时右前出液电磁阀仍关闭，制动液不会流出，右前制动轮缸的制动压力就保持一定，如图 2-9b）所示。

如果在右前制动轮缸的制动压力保持一定时右前轮仍然处于抱死状态,ABS ECU 使右前轮出液电磁阀也通电而开启,轮缸中的部分制动液就会经出液电磁阀流回储液器,使右前制动轮缸的制动压力迅速减小,右前轮的抱死趋势消除,如图 2-9c)所示。

随着右前制动轮缸制动压力的减小,右前轮会在汽车惯性力的作用下逐渐加速,当 ABS ECU 判定右前轮的抱死趋势已经完全消除时,ECU 就使右前进液电磁阀和出液电磁阀都断电,进液电磁阀开启,出液电磁阀关闭。同时使电动泵通电运转,向制动轮缸泵送制动液,使轮缸的制动压力迅速增大,右前轮又开始减速,如图 2-9d)所示。

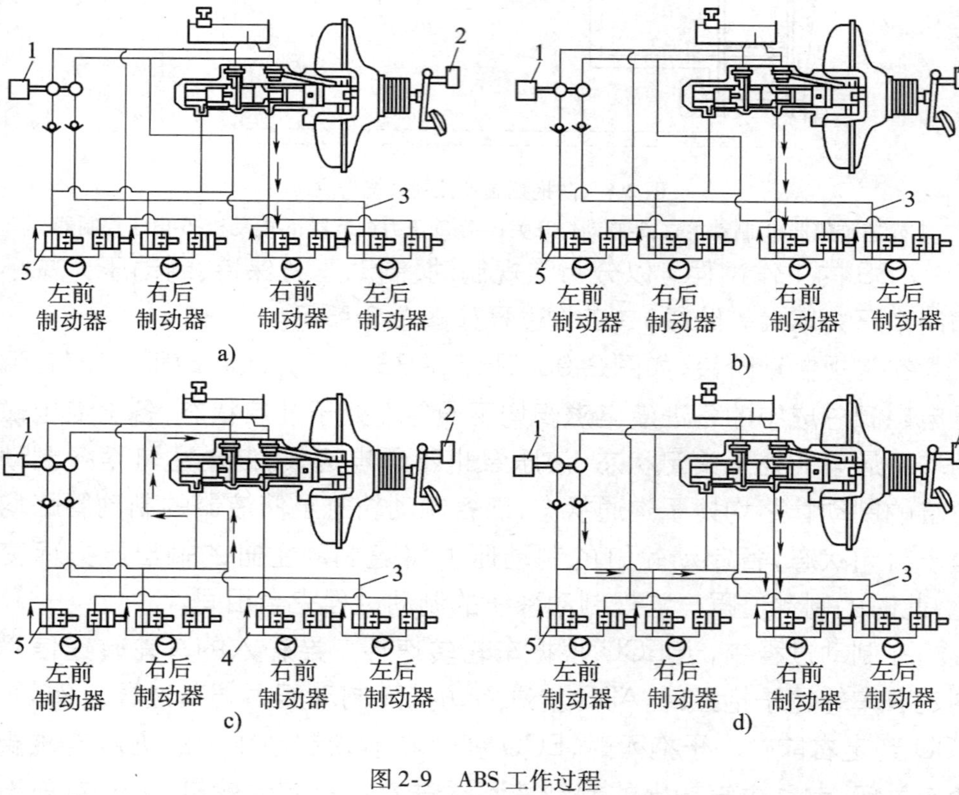

a)

b)

c)

d)

图 2-9　ABS 工作过程

a)常规制动;b)压力保持;c)压力减小;d)压力增大

1-电动泵;2-制动开关;3-高压管路;4-低压管路;5-电磁阀

ABS 通过使趋于抱死车轮的制动压力循环往复地经历保持—减小—增大过程，而将趋于抱死车轮的滑移率控制在最大纵向附着系数滑移率的附近范围内，直至汽车速度减小到很低或制动主缸的输出压力不再使车轮趋于抱死时为止，制动压力调节循环的频率可达 3 ~20Hz。尽管各种 ABS 的结构形式和工作过程并不完全相同，但都是通过对趋于抱死车轮的制动压力调节，防止被控车轮发生抱死，而且各种 ABS 还有以下的共同点：

(1) 最低速度限制。ABS 只是在汽车的速度超过一定值以后(如 5km/h 或 8km/h)，才会进行制动防抱死压力调节。当汽车速度被制动降低到一定值时，ABS 就会自动地停止制动防抱死压力调节。

(2) 只对趋于抱死的车轮进行调节。在制动过程中，只有当车轮趋于抱死时，ABS 才会对趋于抱死车轮的制动压力进行防抱死调节；在被控制车轮还没有趋于抱死时，制动过程与常规制动系统的制动过程完全相同。

(3) 具有自诊断、失效保护和报警功能。ABS 都具有自诊断功能，能够对系统的工作情况进行监测。一旦发现存在影响系统正常工作的故障，将自动地关闭 ABS，并将 ABS 警告灯点亮，向驾驶人发出警示信号。此时，汽车的制动系统仍然可以像常规制动系统一样进行制动。综上所述，ABS 具有以下优点：增加了汽车制动时的稳定性；缩短了制动距离；减少了轮胎磨损；操作简单方便。

四 ABS 主要元件结构及原理

ABS 的种类较多，其具体结构差别也较大，但主要元件都是车轮转速传感器、ABS ECU 和制动压力调节器及警示装置等。

1. 车轮转速传感器

车轮转速传感器的作用是检测车轮的速度，并将速度信号输入 ABS ECU。目前，用于 ABS 的车轮转速传感器主要有电磁式和霍尔式两种，原理同曲轴位置传感器相似。

2. ECU

ECU功用是接受转速传感器及其他传感器的信号,对这些输入信号进行分析、处理,判断车轮是否有抱死趋势,再由其输出级发出控制指令,控制制动压力调节器去执行压力调节任务。由输入级电路、运算电路、输出级电路、安全保护电路四个基本电路组成。

3. 制动压力调节器

制动压力调节器的作用是接受ABS ECU的指令,通过电磁阀的动作来实现车轮制动器制动压力的自动调节,是ABS的主要执行器。制动压力调节器装在制动主缸与轮缸之间,如果它与制动主缸装在一起,称为整体式制动压力调节器,否则,称为非整体式制动压力调节器。由于制动压力调节器的种类较多,其结构各不相同,但基本上都包括电磁阀、液压泵、储液器和一些压力开关等。

电磁阀是制动压力调节器的重要部件,由它完成对ABS各个车轮制动力的控制。ABS中都有一个或两个电磁阀体,其中有若干对电磁阀,分别控制前、后轮的制动。常用的电磁阀有三位三通阀和二位二通阀等多种形式。图2-9所示的ABS系统中就是属于二位二通电磁阀。

第三章　汽车综合性能检测站计算机控制系统

第一节　汽车检测站

汽车检测站是综合运用现代检测技术，专门对汽车实施不解体检测、诊断的事业性或企业性机构。

一　检测站的类型

按照检测站的职能分，检测站可分为安全环保检测站、维修检测站和综合性能检测站。

安全环保检测站是国家的执法机构，它根据国家的有关法规，定期对车辆进行安全和环保有关项目进行检测，以确保运行车辆有符合要求的外观、良好的安全性能和较低的污染排放。它对检测的结果往往只显示“合格”、“不合格”两种，而不显示具体参数，也不对故障进行分析。

维修检测站主要是从车辆使用和维修的角度，担任车辆维修前、后的技术状况检测和故障诊断所需要的检测。它能检测车辆的技术性能参数，并能进行故障分析和诊断。它一般由运输企业或维修企业建立。

综合性能检测站既能担负车辆安全、环保方面的检测任务，又能担负车辆使用、维修企业的技术状况检测，还可以承担科研、制造和教学等部门的有关汽车性能试验和参数测定。这类检测站检测设备齐全，自动化程度高。我国又将综合性能检测站分为 A、B、C 三级。

A 级站：能承担汽车安全性、动力性、可靠性、经济性、环保等检测任务，并能对车辆的技术状况及维修质量进行鉴定，能全面承担检测任务。

它能检测车辆的制动、侧滑、灯光、转向、前轮定位、车速、车轮动平衡、底盘输出功率、燃料消耗、发动机功率和点火系状况,异响、磨损、变形、裂纹,噪声、废气排放等状况。

B 级站:能对在用车辆技术状况、车辆维修质量进行检测和评定。它能检测车辆的制动、侧滑、灯光、转向、车轮动平衡、燃料消耗、发动机功率和点火系状况,异响、变形、噪声、废气排放等状况。

C 级站:能对在用车辆技术状况进行检测。它能检测车辆的制动、侧滑、灯光、转向、车轮动平衡、燃料消耗、发动机功率及异响、噪声、废气排放等状况。

A 级站和 B 级站出具的检测结果证明,可以作为维修单位维修质量的凭证。

二 检测站的任务

检测站的主要任务是:

(1)对在用运输车辆的技术状况进行检测诊断。

(2)对汽车维修行业的维修车辆进行质量检测。

(3)接受委托,对车辆改装、改造、报废及其有关新工艺、新技术、新产品、科研成果等项目进行检测,提供检测结果。

(4)接受公安、环保、商检、计量和保险等部门的委托,为其进行有关项目的检测,提供检测结果。

三 检测站的组成及工位布置

1. 检测站的组成

检测站主要由一条或数条检测线组成。对于独立完整的检测站,除检测线外,还包括清洗站、停车场、泵气站、维修车间等设施。

2. 检测线工位的设置

检测线工位的设置、工位检测项目的安排以及检测顺序,一般遵循检测效率高、所需人员少、对检测场地污染小的原则。根据这一原则,汽车检测线通常设有多个工位，且各工位检测所需时间基本一致，检测线的布置形式多为直线通道式，其检测工位按一定顺序分布在直线通道上，形成流水作业线。

1）安全环保检测线

这种检测线检测的内容是一致的，但项目的组合、工位的设置因实际情况的不同也有差异，通常设置3～5个工位。国内采用的一种五工位安全环保检测线，其各工位的情况是：

第一工位，汽车资料录入及L工位。本工位由车辆信息录入、上部外观检查等组成。其主要设备有：录入计算机和检查结果输入键盘。

第二工位，ABS工位。本工位主要检测项目是侧滑量、各轴轴重、各轮制动力、制动力平衡、车轮阻滞力、驻车制动力、制动系协调时间、车速表校验。配置的设备主要有：侧滑检测试验台、带有轴重检测功能的制动试验台或轴重计、制动试验台、车速表校验试验台。

第三工位，HX工位。本工位检测项目是前照灯发光强度和光束照射方向检测、废气分析或烟度检测、喇叭声级检测。配置的设备主要是汽车前照灯检测仪、不分光红外线气体分析仪、不透光度计、声级计。

第四工位，P工位。本工位是下部检查项目。配置的设备主要有：举升器、结果输入键盘。

第五工位，综合判定及主控制室工位。本工位根据L工位、ABS工位、HX工位和P工位的检测结果对车辆进行综合判定。并能打印出被测车辆基本信息、检测结果和整车总评价报告单。

2）综合性能检测线

综合性能检测线一般由安全环保检测线和综合检测线组成，综合检测线的布置如图3-1所示，除安全环保检测线的所有检测工位外，还增加了动力性、经济性、可靠性等检测内容，增设四轮定位工位、发动机综合性能检测工位、底盘测功机等工位。安全环保检测线一般是自动检测线，综合检测线由于检测项目不一、检测深度不同，很难在相同的时间内检测完毕，一般是手动线。

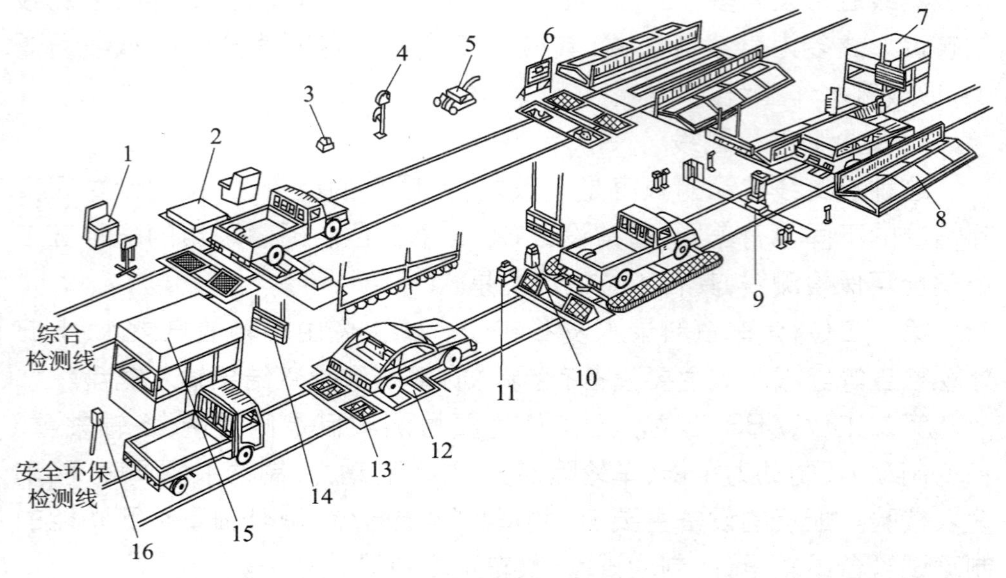

图 3-1　双线式综合检测站

1-发动机综合性能分析仪;2-底盘测功试验台;3-机油分析仪;4-轮胎充气机;5-就车式轮胎平衡机;6-四轮定位仪;7-主控制室;8-下部检测工位;9-前照灯检测仪;10-废气分析仪;11-烟度计;12-车速表试验台;13-侧滑试验台;14-检测程序指示器;15-控制室;16-进线指示灯

第二节　检测站计算机控制系统的结构

一　汽车综合性能检测站计算机控制系统概述

汽车综合性能检测站(以下简称检测站)计算机控制系统是将计算机技术与自动控制技术、网络通信技术相结合,对车辆的安全性、动力性、燃料经济性、尾气排放、整车装备等参数进行测量、计算、判断,并将结果进行输出、存储、传送的智能化系统,它具有实时性、可靠性、准确性的特点,是现代汽车检测作业中不可或缺的重要工具。

对检测站的计算机控制系统而言,其终端被控对象通常可分为:流量、速度、力、位移、光、气体参数等，这些被控对象抽象起来，又可分为模拟量和开关量，控制系统通过 A/D 或 I/O 装置将模拟量或开关量转换成计算机可识别的数字量，经计算机处理后，再通过 D/A 或 I/O 装置驱动执行机构，完成汽车检测的控制过程。计算机控制系统示意图如图 3-2所示。

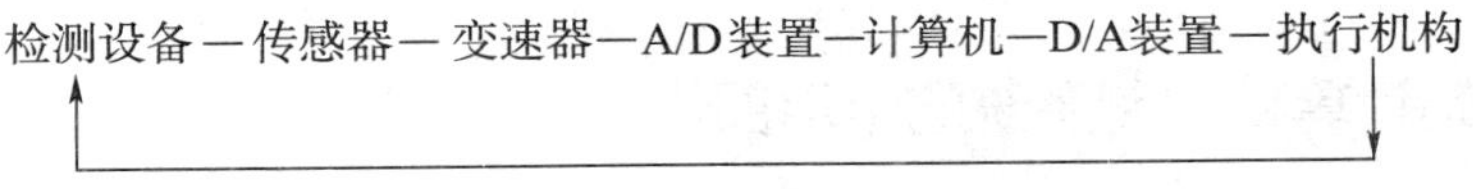

图 3-2　计算机控制系统示意图

检测站计算机控制系统的组成如图 3-3 所示。图中各部分在计算机控制系统中的功能简述如下。

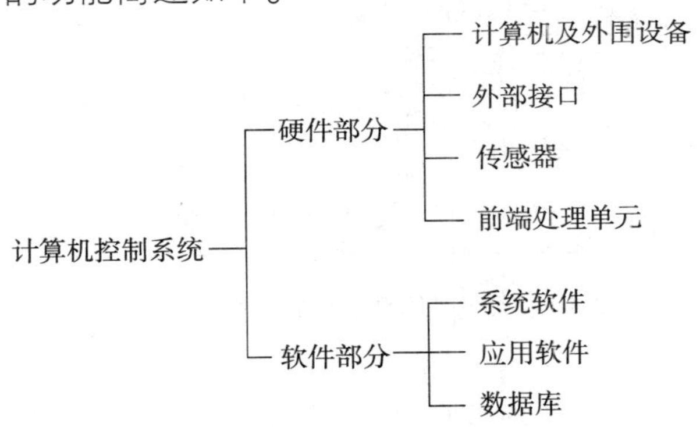

图 3-3　检测站计算机控制系统的组成

(1) 计算机及外围设备。由 CPU、ROM、RAM、外存储器、键盘、鼠标、扫描仪、显示器和打印机等组成，是计算机控制系统的中枢。

(2) 外部接口。由模拟量输入输出设备、开关量输入输出设备和通信设备组成，是计算机与控制对象交互信息的桥梁。

(3) 传感器。由压力传感器、位移传感器、电磁传感器和流量计等组成，是流量、速度、力、位移等检测对象转换成电信号的工具。

(4) 前端处理单元。由放大器、执行机构等组成，前者将传感器信号调理、放大，传送到外部接口设备，后者将外部接口设备的控制动作传递给检测设备。

(5)系统软件。由操作系统、编译软件等组成,是应用软件赖以运行的平台。

(6)应用软件。是程序员根据用户要求编制的,完成检测、控制、管理功能的程序,是计算机控制系统的灵魂。

(7)数据库。是存储、管理历史数据的空间。

二 检测站计算机控制系统的常用部件

检测站计算机控制系统的硬件配置框图如图3-4所示。

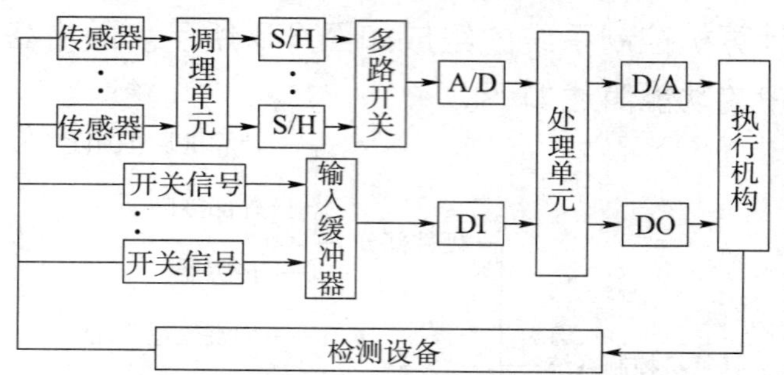

图3-4 检测站计算机控制系统的硬件配置框图

1. 传感器

传感器是指能感受规定的被测量并按一定的规律转换成电信号的器件或装置。传感器通常由敏感元件、转换元件及转换电路组成。

检测站计算机控制系统中常用的传感器有:应变式压力传感器、位移传感器、电磁传感器、流量传感器、气体成分传感器和光强传感器等。

2. 调理单元

传感器输出的模拟信号通常为毫伏级,这些微弱信号在传输过程中易受干扰而失真,因此,须经调理、放大方可远距离传送。放大器的作用就是将这些微弱信号放大,使其可与A/D转换的输入电压相匹配,传送到A/D转换器。

3. 模拟输入接口

模拟量输入接口的任务是把被控对象的模拟量信号，转换成计算机可以识别的数字量信号。模拟量输入接口一般由多路模拟切换开关、采样保持器(S/H)、模/数转换器(A/D)和控制电路组成。其中，采样保持器的作用是在模/数转换器的转换时间内保持输入模拟信号不变，以保证模/数转换器的正常工作。A/D 是模/数转换器的英文缩写，作用是将模拟量转换成计算机可以识别的数字量。

4. 开关量输入输出接口

开关量是用两种状态来表示的信号，开关量可分为电平式和触点式，电平式开关量的状态可分为高电平、低电平；后者的状态为闭合或断开。

在检测站计算机控制系统中，开关量输入输出接口的应用十分普遍。常见的应用有：检测车辆就位状态，在车速或尾气检测中启动一次测量，在检测过程中控制滚筒、举升器的动作等。

5. 串行异步通信

一般的，PC 都配有两个串行异步通信接口，用以实现计算机与计算机，或计算机与外围设备之间的通信。串行是指数据在一个信道上按位依次传送的方法。理论上，由于受噪声影响，串行异步通信距离不大于15m，在实际应用中，为防止噪声干扰，通过对传送的数据包增加校验码的方法，可使串行异步通信距离保持在 80～100m 的范围内。

6. 计算机网络

检测站计算机控制系统的网络结构一般分为三层，即现场控制网络、站内局域网、广域网。其中现场控制网络将传感器、放大器、执行机构、二次仪表、控制计算机连接起来，完成各类底层控制。站内局域网将检测站控制系统内的各台计算机、服务器连接起来，通过信息的传输、存储、共享，完成对检测全过程的业务管理。广域网是管理部门通过专线，将一定区域内的检测站连接起来，从而实现更大范围内的信息共享，以实现对区域内各检测站的监督、管理。

三 检测站计算机控制系统的软件构成

检测站计算机控制系统的常用软件包括操作系统、应用软件、数据库软件。

1. 操作系统

操作系统是直接运行于计算机硬件之上,管理和控制计算机软、硬件资源的最基本的系统软件。

操作系统具有处理器管理、作业管理、存储管理、文件管理、设备管理五大管理功能。在检测站计算机控制系统中,WINDOWS 操作系统的应用较为广泛。

2. 应用软件

应用软件是为实现特定控制目的而编制的专用程序,有数据采集程序、控制决策程序、输出处理程序和报警处理程序等。是汽车检测站计算机控制系统的专用软件,它们涉及被控对象的自身特征和控制策略等,如用检测设备进行检测时,控制系统对检测设备应能发出启动测量的指令;在尾气检测时,需判断车辆的生产日期、燃油类别,并给出相应检测提示。

3. 数据库系统

数据库系统是在文件系统的基础上发展起来的,它是存储在一起的相关数据(表)的集合,通过数据库管理系统(DBMS)对数据的存取和控制进行管理,具有完全独立于应用程序、数据冗余度低等特点。

在汽车检测站计算机控制系统中,关系型数据库系统仍然得到广泛的应用。

四 检测站计算机控制系统的功能

1. 检测调度功能

(1)检车通道对按照任何车辆次序和检测次序到达的已登录车辆

进行调度并完成应检项目的检测。

(2)根据需要可以将受检车辆调度到检测通道任意检测单元、任意项目、任意次数检测。

(3)检测单元上一个受控设备出现故障时，控制系统应能使该受控设备承担的检测项目在本次检测中取消，剩余项目应仍能作为一个整体继续进行自动检测。

2. 项目测试功能

控制系统具有输出引导信号、完成数据采集、处理、量值变换和判定的功能：

(1)操纵受控设备进入测试工况，指示器可以引导指示操作员完成操作。

(2)可能根据有关标准、规程的要求完成检测数据的采样。对于系统自动采集的数据，控制系统不能通过人工键入和修改。

(3)根据有关标准实时完成受检车辆项目的合格性判定。

(4)控制受控设备机械动作，完成检测工作。

(5)外观人工检查和底盘人工检查对检测项目的输入。

3. 数据存储

(1)控制系统在受检汽车受检时，实时记录检测数据。

(2)在每完成一车辆的全部测试后，控制系统应立即将该车辆完备的检测数据和判定结果存入数据库。

(3)为及时掌握检测站的运行情况，汽车检测站计算机控制系统应具备按任意时间段进行查询统计的功能。查询系统一般包括：车辆检测峰值统计、车辆单位统计、送检单位统计、检测合格率统计、引车员工作量统计、营收情况统计等功能，并能按照一定的查询条件自动生成统计报表。

4. 系统标定

(1)具备对各受控设备测量值进行标定的界面。

(2)标定界面应能显示受控设备各模拟输入通道的零点输出、AD

值和标定值;当通信协议支持时,系统校准界面应能实时显示数字通信传输的量的示值。

(3)系统或受控设备的检定按照相关标准执行。

第三节　检测站计算机控制系统的发展动态

随着计算机控制技术和网络通信技术的发展,检测站计算机控制系统也在不断的发展,特别是检测站的管理部门从加强管理、服务群众的角度出发,促使检测站在运用新技术、提高检测效率、增加检测透明度、完善便民措施方面,做了大量的工作。检测站计算机控制系统的发展呈现出以下几个特点。

一 从单站联网向区域联网发展

传统的检测站计算机控制系统仅限于单个检测站联网运行,已经难以满足管理部门对检测站的管理要求。目前,某个城市或更大区域范围内检测站之间、检测站与管理部门之间的联网运行已经成为可能。通过区域联网,管理部门可以实现检测数据共享,可以通过现场实时监控及检测数据对比等方法,规范检测站的运行,可以通过异地检测签章,方便广大车主。

二 从检测系统向管理系统发展

随着我国车辆保有量的不断增长,以及检测市场的社会化,检测站在坚持检测标准,科学、公正地提供检测数据的同时,将会更加重视对客户资源的管理。一个集检测控制、客户管理、财务管理、档案管理于一体的检测行业信息化管理系统,将会日趋成熟和完善。

三 从集散控制向现场总线发展

现场总线系统是20世纪90年代发展起来的新型工业控制系统,它通过智能仪表把控制和管理的功能从总控制移向工作现场。目前,检测设备的生产厂家已将信号采集、判定、显示、控制等功能,集成到智能仪表中,再通过串行接口或工业以太网卡将数据传递到后台。可以预见,随着现场总线接口标准的统一,检测站计算机控制系统将在实时性、可维护性、可移植性等方面,出现崭新的变化。

第四章 整车装备检验

第一节 整车检验的基本要求

一 整车的基本要求

(1)整车装备应齐全、完好、有效,各连接部位应紧固完好。

(2)车体应周正、车体外缘左右对称部位高度差(在离地高 1.5m 内测量)不得大于 40mm。

(3)车辆左右轴距差。为了保持车轴的安装位置正确,从而确保车辆的正常行驶,检测时应检查左右轴距的变化,要求左右轴距差不得大于轴距的 1.5/1000。

(4)车辆结构不得改造。整车和各总成不得随意变动;不得随意增加附属设备或改变连接方式。

(5)营运车辆的车顶、车门、车窗和风窗玻璃等部分粘贴的标志应齐全有效,并符合规定。

二 整车尺寸和质量参数

(一)尺寸参数

整车尺寸主要包括:车辆的外廓尺寸(车辆的长度、宽度、高度),轴距、轮距、前悬、后悬、最小离地间隙等,在 GB 18565—2001《营运车辆综合性能要求和检验方法》中规定了车辆的外廓尺寸和后悬的限值。

1. 外廓尺寸

车辆外廓尺寸应符合表 4-1 车辆外廓尺寸限值的规定。

车辆外廓尺寸限值(单位:m)　　　　表 4-1

车 辆 类 型	长　度	宽　度	高　度
载货汽车(包括载货越野汽车)	≤12	≤2.5	≤4
整体式客车	≤12	≤2.5	≤4
半挂汽车列车	≤16.5	≤2.5	≤4
全挂汽车列车	≤20	≤2.5	≤4

车辆长度系指垂直于车辆纵向对称平面,并分别抵靠在车辆的最外端突出部位的两垂面之间的距离。

车辆宽度是指平行于车辆纵向对称平面,并分别抵靠在车辆的两侧固定突出部位(不包括后视镜、侧位灯、示廓灯、转向指示灯、可拆卸装饰线条、扰性挡泥板、折叠式踏板、防滑链及轮胎与地面接触部分的变形等)的两平面之间的距离。

车辆高度是指车辆在无装载质量时,车辆支撑地面与车辆最高突出部分相抵靠的水平面之间的距离。此时车辆所有固定部件均应包括在此两平面内。同时车辆处于可运行状态。测量车高度时,顶窗、换气装置等应处于关闭状态。

2. 车辆的后悬

车辆后悬是指通过车辆最后车轮轴线的垂面与抵靠在车辆最后端(包括牵引装置、车牌架及固定在车辆后部的任何刚性部件)并垂直于车辆的纵向对称平面的垂面之间的距离。后悬的长度主要取决于货箱的长度、轴距和轴荷分配的情况。国家标准规定,客车及封闭式车厢(或罐车)车辆的后悬不得超过轴距的65%,最大不超过3.5m。其他车辆后悬不得超过轴距的55%。

(二)车辆质量参数

车辆的质量参数是车辆设计和使用的重要参数。

1. 车辆总质量

车辆总质量一般是以发动机的标定功率、厂定最大轴载质量、轮胎的承载能力、车厢面积及正式批准的技术文件进行核算后,从中取最小值核定。

最大总质量分为厂定最大总质量和允许最大总质量两种。

厂定最大总质量是制造厂根据特定的使用条件,考虑到材料强度、轮胎承载能力等因素而核定出的质量,一般在车辆使用说明书或维修手册中给出。

允许最大总质量是行政主管部门根据使用条件,而规定的总质量。GB 18565—2001《营运车辆综合性能要求和检验方法》规定营运车辆允许最大总质量的限值为:

(1)半挂汽车列车、全挂汽车列车:40000kg。

(2)集装箱半挂列车:46000kg。

汽车列车的最大总质量是牵引车与挂车(含全挂车或半挂车)最大总质量之和。对半挂牵引车、半挂车分配在牵引座上的质量应计入最大总质量之内。

2. 车辆的轴载质量

最大轴载质量也可分为厂定最大轴载质量和允许最大轴载质量两种。

厂定最大轴载质量是制造厂考虑到材料强度、轮胎承载能力等因素而核定出的轴载质量。一般在使用说明书等技术文件中可查到。

允许最大轴载质量是自主管部门根据使用条件而规定的轴载质量。GB 18565—2001《营运车辆综合性能要求和检验方法》规定营运车辆允许最大轴载质量为下列规定值。

(1)单轴(每侧单轮胎)载质量:6000kg。

(2)单轴(每侧双轮胎)载质量:10000kg。

(3)双联轴(每侧单轮胎)载质量:10000kg。

(4)双联轴(每侧各一单轮胎、双轮胎)载质量:14000kg。

(5)双联轴(每侧双轮胎)载质量:18000kg。

(6)三联轴(每侧单轮胎)载质量:12000kg。

(7)三联轴(每侧双轮胎)载质量:22000kg。

在该标准中指出：凡国家已经批准生产的单轴载质量大于10t而小于或等于13t的车辆，只要车辆的总质量符合国家核定的吨位标准，暂以国家核定的轴载质量视同轴载质量限值标准。

3. 车辆的整备质量

整备质量是车辆正常行驶时所具备的完整设备（设施）的质量之和，它包括车辆本身、全部电气设备和必需的辅助设施的质量，还包括固定的或可拆装的栏板、机械或加注油液的举升装置和自卸车箱、连接装置、固定作业装置、冷却液、燃油（不少于油箱容量90%）、备胎、灭火器、随车工具及标准备件。

整备质量是车辆在整备状态下空载时的质量，整备质量可在使用说明书等技术文件中查到。一般用轴荷仪测量车辆的前后轴荷及整车质量，要求在整备质量状态下测得的值，不超过汽车制造厂规定的整备质量的5%。

第二节　车辆总成及技术装备的基本要求

一　车身、车架、驾驶室

（1）车身和驾驶室的技术状况应能保证驾驶人有正常的工作条件和客货安全。

（2）车身和驾驶室应坚固耐用，车身、车架、驾驶室不得有开裂、锈蚀和明显变形，螺栓和铆钉不得缺少或松动，车身与车架的连接应安装牢固。

（3）货箱栏板和地板应平整，客车车身与地板应密合，有防止发动机废气进入车厢内部的有效措施，地板和座椅应有足够的强度。座椅和扶手应安装牢固可靠，乘客座椅间距不得采用滑道纵向调整的结构。

（4）车身内外部不应有任何可能使人致伤的尖锐凸起物。

（5）驾驶室和客舱内所有内饰材料应具有阻燃性。

(6)车门车窗应启闭轻便,不得有自行开启现象,锁止可靠,玻璃升降器完好。

(7)动力启闭的乘客门在有故障时,仍应能简便地靠手动进行开关。在紧急情况下,当车辆静止且车门未锁时,每扇动力启闭门不论是否有动力供应,都能由控制器从车内或车外开启,控制器应有明显标志,易于识别且应安装在便于操作和确保安全的地方;动力门应有发光或音响装置,以便在乘客门未完全关闭时告知驾驶人。动力门的控制系统和结构应做到乘客不会被门伤害或夹住。

(8)车辆门窗应使用安全玻璃,前风窗玻璃应采用夹层玻璃或部分区域钢化玻璃,其他车窗可采用钢化玻璃。

(9)驾驶室应保证驾驶人的前方、侧方的视野清晰,车窗玻璃不允许张贴妨碍驾驶人视野的附加物及镜面反光遮阳膜。

(10)前风窗玻璃应装备刮水器。刮水器关闭时刮水片应能自动返回至初始位置。

(11)车长度大于6m的客车,如车身右侧仅有一个乘客上下的车门时,应设置安全门或安全窗,安全门、安全窗的尺寸以及开启(使用)均应符合相关标准规定。卧铺客车应设置车顶安全出口。

(12)中级、中级以上营运客车,车长度大于或等于9m的营运客车和卧铺客车车身顶部不得设置行李架,应另设行李舱,卧铺位采用1+1(或1+1+1)纵向布置结构,其卧铺位、乘客通道、乘客座椅的尺寸、间距及乘客踏步高度应符合相关标准的规定。

二 行驶系

1. 车轮轮胎

(1)轿车和挂车轮胎胎冠花纹深度应不小于1.6mm,其他车辆转向轮胎胎冠花纹深度不小于3.2mm,其余轮胎胎冠花纹深度不得小于1.6mm。

(2)轮胎不得有暴露出帘布层的破损。胎面和胎壁不得有长度超过25mm或深度足以暴露出轮胎帘布层的破损和割伤。

(3)同轴胎的规格和花纹应相同，同轴胎的外径磨损应大体一致，轮胎规格应符合原厂规定。

(4)转向轮不得使用翻新胎。汽车装用的轮胎应和其最大设计车速相适应，最大设计车速超过120km/h的车辆车轮应做动平衡。

(5)轮胎螺母和半轴螺母应完整齐全，并按规定力矩拧紧。轮胎气压应符合规定。

(6)车轮总成的横向摆动量和径向摆动量：总质量小于或等于4.5t的汽车不得大于5mm，其他车辆不大于8mm。

2. 悬架、减振器和车桥

(1)钢板弹簧不得有裂纹和断片，弹簧形式和规格应符合产品使用说明书规定。中心螺栓和U形螺栓应紧固。

(2)减振器应齐全有效。

(3)前、后桥不得有变形、裂纹、移位。

(4)车桥和悬架之间的各种导杆、拉杆不得变形，接头和衬套不得松旷和移位。

三　传动系

(1)离合器踏板自由行程应符合原厂技术条件的规定，离合器踏板力应不大于300N。离合器应接合平稳，分离彻底，工作时无异响、抖动和不正常的打滑现象。

(2)变速器、分动器，换挡时轻便灵活，无乱挡跳挡现象。自锁、互锁、倒挡锁装置有效，工作时无异响，变速杆工作时不得与其他部件干涉。

(3)传动轴运转时不得发生振抖和异响，中间轴承和万向节不得有松旷和裂纹现象。

(4)驱动桥工作应正常，无异响。

四 安全防护装置

1. 安全带

(1)座位数小于或等于20(含驾驶人座位)或车长小于或等于6m的载客汽车;最大设计车速大于100km/h的载货汽车和牵引车的前排座位必须装置汽车安全带,长途客车和旅游客车的驾驶人座椅及前面无座椅或护栏的座椅也应安装汽车安全带,安全带应有认证标志,安全带安装位置应合理,固定点有足够的强度。

(2)卧铺客车每个铺位应安装两点式汽车安全带。

2. 后视镜、下视镜及驾驶室内防护装置

(1)车辆(挂车除外)必须在左右各设置一面后视镜;车长度大于6m的平头客车和平头货车车前设置下视镜。轿车和客车驾驶室应设置内后视镜。车身外后视镜应保证看清车身左右外侧、车后50m以内的交通情况。前下视镜应能看清风窗玻璃前下方长度为1.5m、宽度为3m范围内的情况。

(2)驾驶室内应有防止阳光直射使驾驶人炫目的装置,且该装置在车辆碰撞时,不会对驾驶人造成伤害。

(3)轿车及在寒冷地区的营运车辆的前风窗玻璃处应安装除雾、除霜装置。

(4)客车空调应具有制冷或采暖功能,并运转正常。不允许采用直通式采暖方式。并设有通风换气装置。

3. 燃油系的安全保护及周围的防护装置

(1)燃油箱、燃油管路应紧固牢靠,不致因振动和冲击发生损坏和漏油。油箱加油口和通气孔应保证车辆晃动时不漏油。

(2)车长度大于6m的客车油箱距客车前端应大于600mm,距客车后端不小于300mm,用户不得私装附加油箱,油箱通气口和加油口不得在车厢内开口。

(3)排气管不得指向车身的右侧,排气口至油箱距离不小于

500mm，客车排气口应伸出车身外蒙皮。

(4)车长度小于6m的客车应设置前、后保险杠，货车应设置前保险杠。

4. 汽车和挂车侧面及后、下部防护装置及安全架、灭火器

(1)总质量大于3.5t的载货汽车及挂车两侧必须安装侧面防护装置。除牵引车和长货挂车以外的汽车及挂车，空载状态下其车身或无车身底盘总成的后端离地间隙大于700mm时，必须安装能防止其他机动车或非机动车从车辆后下方嵌入的防护装置。

(2)载货汽车的货箱前部应安装比驾驶室高70～100mm的安全架(自卸车、载质量1000kg以下的载货汽车除外)。

(3)驾驶人和货物同在一个车厢内的厢式车前排座椅的后部，也应安装安全架。

(4)营运车辆应装备与其相应的有效的灭火装置，灭火器应安装牢靠，便于取用。

第五章　汽车动力性检测

第一节　动力性的评价指标

汽车动力性是表征汽车加速、爬坡及能达到最高车速的能力。汽车动力性是指汽车在运行中的最大加速能力、最高车速、最大爬坡能力，汽车动力性是汽车最基本的使用性能。汽车动力性越好，则说明牵引力亦越大；在各种使用条件下行驶的平均速度越高；各挡的爬坡能力越大；加速过程中的加速度、加速时间及加速距离俱佳；汽车的运输生产率越高。

评价汽车动力性的指标很多，除上述参数外，汽车比功率、最大动力因素、发动机输出功率、驱动轮输出功率等，都属于动力性指标。随着汽车检测技术的发展，采用台架检测和评价汽车的动力性得到了广泛的应用。

GB18565—2001《营运车辆综合性能要求和检验方法》规定：整车动力性可用底盘测功机检测汽车驱动轮输出功率来评价。用汽车发动机在额定转矩或额定功率时的驱动轮输出功率作为整车动力性的评价指标。

下面就最常用的动力性指标作些简单的介绍和分析。

1. 汽车比功率

汽车比功率是汽车发动机的最大功率与汽车总质量之比。比功率是汽车设计时的重要参数，依据比功率选择适当的发动机功率与车辆总质量的匹配关系。GB 7258—2004《机动车运行安全技术条件》明确规定三轮汽车、低速货车的比功率不应小于4.0kW/t，除无轨电车外的其他机动车的比功率，不允许小于5.0kW/t。GB 7258—2004用发动机最大净功率与车辆最大允许总质量的比值作为比功率。

2. 最大动力因数

汽车的最大动力因数是表示汽车最大爬坡能力和克服道路阻力能力的参数，是表示汽车通过性和牵引力好坏的参数。最大动力因数不能直接测量，只有测得驱动力后通过计算，以求得最大动力因数值。

3. 最高车速

汽车最高车速是指汽车以厂定最大总质量状态下，在风速小于或等于3m/s的条件下，在干燥、清洁、平坦的混凝土或沥青路面上，汽车能够达到的最高稳定的行驶速度。

4. 加速性能

汽车加速性能是指汽车在行驶中迅速增加行驶速度的能力。通常用汽车加挡时间来评价汽车加速性能的好坏。加速时间的测量通常通过车辆以厂定最大总质量状态下在风速小于或等于3m/s的条件下，在干燥、清洁、平坦的混凝土或沥青路面上，由某一低速加速到高速所需的时间。有原地起步加速时间和超车加速时间两个参数。

5. 最大爬坡度(%)

汽车最大爬坡度(%)是指汽车按额定装载后，在良好的混凝土或沥青路面的坡道上，以最低前进挡能够爬上的最大坡度。由于受道路坡道条件限制，汽车综合性能检测站通常不做汽车爬坡测试。

6. 驱动轮输出功率

驱动轮的输出功率是汽车发动机功率经过传动系消耗功率后到驱动轮的输出功率，它是汽车发动机和传动系综合工作过程后的输出参数。驱动轮输出功率的大小，完全取决于发动机发出的功率和传动系的传动效率，也取决于它们的技术状况。驱动轮输出功率的减少，说明发动机或传动系的技术状况已变差。发动机和传动系技术状况的微小变化，都会通过驱动轮输出功率的增加或减少反映出来。

第二节　驱动轮输出功率的检测

一　驱动轮输出功率的限值

GB 18565—2001《营运车辆综合性能要求和检验方法》规定,驱动轮输出功率的检测工况,采用汽车发动机额定转矩和额定功率时的工况,即发动机全负荷与额定转矩转速和额定功率转速相对应的直接挡(无直接挡时指传动比最接近 1 的挡)车速构成的工况。

按 GB 18565—2001 的规定,整车动力性检测的判定限值是在用上述检测工况下,采用校正驱动轮输出功率与相应的发动机输出功率的百分比(相对值),作为驱动轮输出功率的限值。

允许值的限值是对车辆动力性的最基本也是最低的合格要求,如果动力性达不到允许值的要求,应对该车的发动机或传动系进行检查维护后,再重新检测,一定要合格后才能投入营运工作。根据 JT/T 198—2004《营运车辆技术等级划分和评定要求》的规定,凡从事危险品货物运输、高速公路客运、旅游客运和 800km 以上超长线公路客运的车辆,其技术等级必须为一级。

二　驱动轮输出功率的检测方法

驱动轮输出功率的检验方法可分为道路试验和台架试验两种方法。

道路试验是在道路上测试汽车的最高车速、加速性能和爬坡能力等性能,并以此评价汽车的动力性。由于道路试验要受到道路条件、风向、风速、驾驶技术等多种因素的影响,这些因素的可控性又比较差,且要在专用的试验道路上进行,测试时间较长,所以,道路试验一般用于车辆的定型试验。

台架试验方法是指在室内用底盘测功机检测汽车的驱动轮输出功率等参数,并以此来评价汽车的动力性。台架试验的优点是不受气候、驾驶技术等外部条件的影响，测试条件易于控制，车辆不需装载，检测时间短，因此，目前已被汽车检测站广泛采用，GB 18565—2001《营运车辆综合性能要求和检验方法》也规定整车动力性要采用底盘测功机检测驱动轮输出功率来评价，下面就重点介绍底盘测功机进行汽车驱动轮输出功率的检验方法。

二　底盘测功机的基本结构

底盘测功机是一种不解体检验汽车整车动力性能的检测设备，它通过室内台架，以汽车模拟道路行驶工况的方法来检测汽车的动力性，还可以测量多工况排放指标及油耗。由于底盘测功机在室内操作，能控制试验条件，使环境因素的影响降至最小，同时，可以通过计算机控制系统控制加载装置来模拟道路行驶时的各种阻力，通过控制车辆的行驶状况（加速、减速、加载、减载和稳速），能按测试要求进行复杂的循环试验，因而，得到广泛应用。

底盘测功机主要由道路模拟系统、数据采集与控制系统、安全保障系统及引导举升系统等构成。

（一）道路模拟系统

普通型汽车底盘测功机道路模拟系统结构示意图如图 5-1 所示。

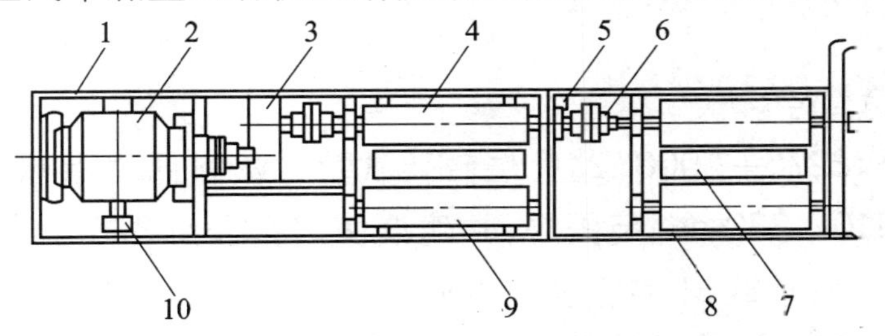

图 5-1　普通型汽车底盘测功机道路模拟系统结构示意图

1-机架；2-功率吸收装置；3-变速器；4-滚筒；5-速度传感器；6-联轴器；7-举升器；8-制动器；9-滚筒；10-力传感器

1. 滚筒

汽车在道路上行驶是相对于路面作运动。而底盘测功机的滚筒相当于移动的路面,汽车驱动轮的旋转带动滚筒旋转并以此模拟在道路上行驶。

底盘测功机滚筒有单滚筒和双滚筒之分,如图5-2所示。

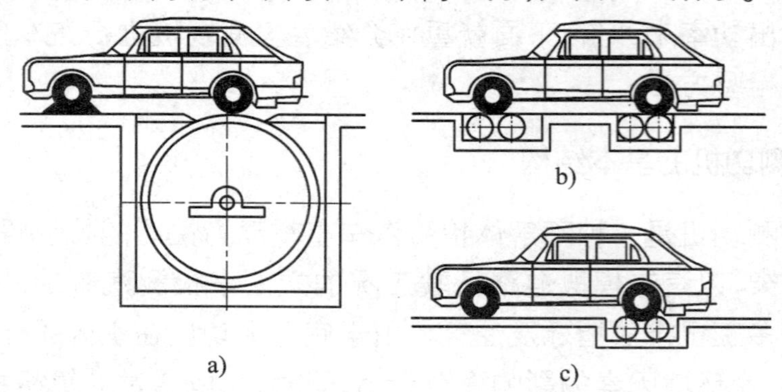

图5-2 底盘测功机的滚筒形式

a)大直径滚筒;b)前后轮双滚筒;c)后轮双滚筒

支撑两边驱动轮的滚筒为单个的底盘测功机,称单滚筒底盘测功机。单滚筒底盘测功机其滚筒直径为1.5~2.5m,制造和安装费用很高,但测试精度也高,一般用于科研单位和汽车制造厂。

支撑两边驱动轮的滚筒各为两个的底盘测功机,称双滚筒底盘测功机。它成本低,使用方便,但测试精度低,一般用于汽车维修行业和检测线。

1)滚筒直径

GB/T 18276—2000《动力性台架试验方法和评价指标》规定滚筒直径应在310~380mm范围内,并建议使用直径为370mm的滚筒,前后滚筒中心距:承载3t的底盘测功机前后滚筒中心距$L \leqslant 500$mm,而承载大于3t的底盘测功机前后滚筒中心距$L \leqslant 600$mm。由于车轮与滚筒的接触状况与在路面上行驶不同,滚筒直径越小,比压就越大,滚动阻力就越大,对驱动轮输出功率的损耗也越大,因此,应尽可能选择滚筒直径大的底盘测功机使用,以减少检测时的滚动阻力损耗。

2)滚筒表面状况

滚筒表面状况是指滚筒材料、加工时的精度和清洁状况。目前，底盘测功机滚筒表面状况有两种：一种是常见的光制滚筒，即表面未经处理的滚筒；另一种是表面喷涂有耐磨硬质合金材料的滚筒。前者表面光滑，附着系数低，加工时圆度和同轴度好，车轮在滚筒上运转平稳，滚动阻力的波动小。如果光滚筒表面有水、油迹或沥青等，车轮运转时，就会上下波动，使滚动阻力增加。

光滚筒附着系数低，在测试最大驱动轮输出功率时，滑移率较大，轮胎容易发热，而喷涂滚筒接近于混凝土路面的附着系数，可减少轮胎的滑拖，减少滚动阻力的损失。

3）安置角

汽车车轮在滚筒上的安置角是指底盘测功机主、从滚筒中心到被测汽车车轮中心的连线与重力垂线所形成的角度 β。底盘测功机检测时轮胎的滚动阻力随着安置角的增大而增大。JT/T 445—2001《测功机通用技术条件》规定车轮安置角应大于26°，由于轮胎尺寸和安置角关系很大，所以，不同的轮胎尺寸应该选用不同吨位级的底盘测功机进行检测。

2. 功率吸收（加载）装置

（1）底盘测功机的功率吸收装置（又称测功器），其实就是一个制动器，主要有水力式、电力式和电涡流式三种类型，国内生产的底盘测功机大多数采用电涡流测功器作为功率吸收装置。

（2）电涡流测功器的基本结构如图5-3所示：电涡流测功器是利用电磁感应形成电涡流而产生制动力矩原理的装置（又称给车辆加载）。根据电涡流测功器的冷却方式可分为水冷式

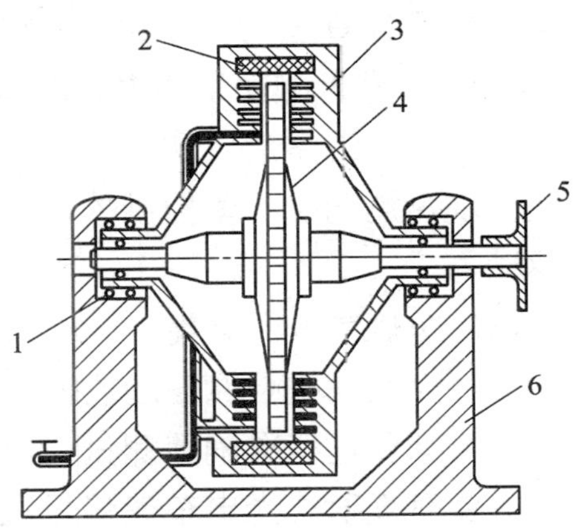

图5-3　电涡流测功器的基本结构

1-轴承；2-励磁线圈；3-定子；4-转子；5-联轴器；6-底座

电涡流测功器和风冷式电涡流测功器两种。

3. 惯性模拟装置

汽车在道路上行驶时,汽车本身就具有一定的惯量,即汽车的动能。而汽车在底盘测功机上检测时,其车身是静止的,不具有平动动能,检测时驱动轮只带动滚筒旋转,由于底盘测功机滚筒旋转时的转动惯量小于汽车的平动质量,加速时不足以产生与汽车在道路上行驶的加速阻力,减速时又不具有汽车在道路上行驶的动能,为了更准确地进行汽车加速性能和滑行性能测试,底盘测功机应设置相应的惯性模拟装置,通常配置惯性飞轮模拟汽车行驶时的行驶惯性力。

底盘测功机是通过飞轮的转动惯量来模拟道路行驶时汽车的动能,但由于国内尚未制定相关的台架惯量标准,因而,各生产厂家装配的惯性飞轮不但个数不同,而且质量大小也不同。

GB/T 18276—2000《汽车动力性台架试验方法和评价指标》附录A"对双滚筒底盘测功机的基本要求"中只提出生产厂家应提供各个惯性飞轮的序号和模拟惯量值,提供主要旋转部件和电涡流测功器转子的转动惯量值。在实际使用中,飞轮个数愈多,可供选配的惯量值就会愈接近理论计算值,测试的精度就会愈高。

(二)底盘测功机的采集测量系统

测量系统是底盘测功机的关键技术,测量控制水平的高低,直接反映出底盘测功机测量控制的精度,底盘测功机主要测量的参数有车速和驱动力。

1. 车速信号的采集

底盘测功机检测驱动轮输出功率、加速性能、滑行性能及油耗、排放污染物都要连续准确地测试,并控制试验过程中的实际车速,车速传感器主要有直射式光电车速信号传感器、磁电式车速信号传感器、霍尔车速信号传感器、测速发电机等。

2. 驱动力信号的采集

驱动轮对滚筒施加的驱动力所形成的转矩,由测功装置定子与转子间的制动作用而传给可摆动的定子，定子则通过测力杠杆将该转矩传给测力装置，然后由指示装置显示出来。指示装置的显示值，即为驱动车轮的驱动力。电测式测力装置如图5-4所示，一般在测力杠杆末端安装测力传感器，将测力杠杆传来的力变成电信号，经处理后送到指示装置显示出来。底盘测功机测力传感器一般有拉压传感器（应变片式）和位移传感器两种。

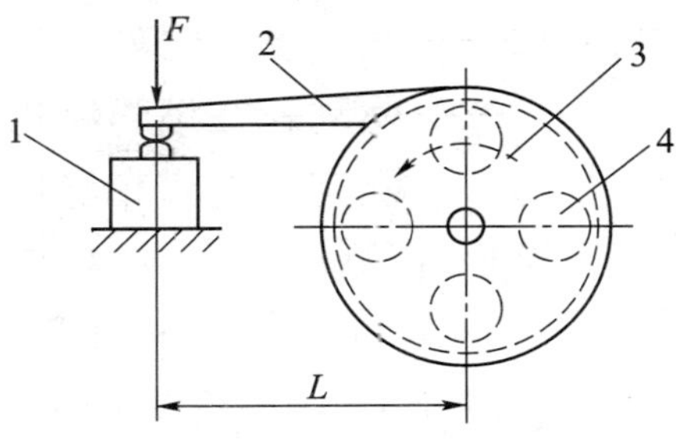

图5-4　电测式测力装置

1-传感器；2-测力臂；3-转子转动方向；4-定子铁芯线圈

（三）汽车底盘测功机的控制系统

1. 底盘测功机的恒车速控制

车速测量值是底盘测功机检测驱动轮输出功率、加速时间、滑行距离、等速油耗及尾气排放等诸多特性中的重要参数，因为激磁电流的大小或检测过程中节气门的变化，都会导致滚筒转速在瞬间的降低或升高，引起检测过程中实际车速不稳定，因此，底盘测功机对滚筒转速的监测控制要求很高，控制系统要求对车速的波动及时作出反馈并调节。所以，车速控制系统实际上就是调速系统，反馈的响应时间要求在0.025s之内。

2. 底盘测功机的恒力控制

底盘测功机是模拟车辆在道路行驶状态下的不同工况，并检测其驱动轮输出功率、油耗值及尾气污染物的排放量。而车辆在道路行驶中的滚动阻力、空气阻力、加速阻力、坡道阻力对于不同车型、不同使用环境、不同车速下又各不相同。除加速阻力可通过惯性飞轮模拟外，其他阻力都要靠电涡流测功器进行加载来实现，即先由计算机计算得到检测所需的加载量，再把加载量换算成电涡流测功器励磁电流的大小，然后进行调节和控制，实现底盘测功机的恒力控制。

驱动轮输出功率可由下式计算得到：

$$p=\frac{F\times v}{360} \tag{5-1}$$

式中：p——汽车驱动轮输出功率，kW；

F——驱动轮在滚筒处的切线驱动力，N；

v——测定 F 时汽车稳定的车速，km/h。

因此，在测量过程中，在车速(v)和力(F)两个变量中，控制并恒定其中一个，再测量另一个，就能保证输出功率测试的准确性，而控制系统也正是依据这个设想，用相应的电路实现了恒速和恒力两种控制方式，使底盘测功机具备了恒速测试和恒力测试两种测试方式。使用者可根据检测的需要，选择相应的测试方式。

(四)底盘测功机的安全保障系统

底盘测功机是在大负荷、高转速下运转的检测设备，为了保护检测设备和被检车辆及操作人员的安全，底盘测功机的安全保障系统在整个测试过程中一定要完好、可靠。安全保障系统主要包括左右挡轮、系留装置、车偃、发动机与车轮的冷却风扇和举升器等。

(1)左右挡轮。左右挡轮是防止汽车车轮在旋转过程中，在侧向力作用下驶出滚筒，尤其对前轮驱动的车辆更应防止车辆驶出滚筒。

(2)系留装置。是指地面上的固定盘架与车辆之间用钢丝绳或铁链相连接，防止车辆高速行驶时，由于滚筒卡住或其他原因车辆飞驶出滚筒的装置。

(3)车偃。它是为了防止车辆在检测过程中，车体前后移动，一般车偃都偃在非驱动轮处，车偃使用时应左右轮都偃紧。

(4)发动机、车轮冷却风扇。为了防止在检测过程中发动机过热，在发动机散热器处，用另外的风扇进行散热。同样，为了防止驱动轮轮胎因打滑发热而损坏轮胎，有时，会用冷却风扇对着轮胎吹，帮助轮胎散热。

(5)底盘测功机的举升器控制。底盘测功机都设有举升器，以利于车辆驶入、驶出，而举升器的控制又分为手动和自动控制，底盘测功机在检测过程中应严禁举升器装置出现误动作(包括误操作)而上升，举升器的控制必须做到在测试车速大于5km/h时，举升装置不得升起。

设备在维护、检查或检定、校正时，应对该安全保护功能进行检查校验。

（五）引导及举升系统

1. 引导系统

引导系统是引导引车员按照提示进行操作的提示系统，常用的提示方法有两种，一种是高强度发光二极管组成的显示屏，另一种是大屏幕显示器。

2. 举升系统

举升器的类型较多，常用有气压式举升器、液压式举升器、气囊举升器。由于气囊举升器无易损件，工作可靠，举升次数可达 10 万次，使用期内免维护，目前已广泛应用于底盘测功机的举升装置。

底盘测功机对举升装置的基本要求。

(1)举升能力应大于或等于底盘测功机所规定的额定承载质量。

(2)举升器工作应平稳，左右举升装置工作应同步，气路、油路无渗漏现象。

(3)举升器在举升状态保持 10h 后，举升器的承载托板下降不得超过 10mm。

(4)举升后，汽车进出滚筒时，滚筒应不发生转动。

四　底盘测功试验台的测试原理

1. 汽车驱动轮输出功率测试原理

测试驱动轮输出功率时，将汽车驱动轮放置在滚筒装置上，驱动滚筒旋转并带动测功装置、测速装置旋转。当测功装置的定子的励磁线圈没有电流通过时，转子不受制动力矩作用；当励磁线圈接通直流电时，转子受到与转子旋转方向相反的制动力矩作用，对滚筒起到了加载作用。由压力传感器和测速传感器传来的电信号，输入到控制装置，经计算机处理后，指示装置上显示汽车驱动轮输出功率。

它是采用汽车发动机额定转矩和额定功率的工况测取驱动轮的输

出功率,即发动机全负荷,在发动机额定转矩转速或额定功率转速所对应的直接挡车速下(无直接挡时,指传动比接近于1的挡),测得驱动轮输出功率,经标准环境系数的校正后,得到校正后的驱动轮输出功率,再和发动机额定转矩时的发动机功率或发动机额定功率的比值的百分数,对照国家标准的限值,判定其整车的动力性。

在试验台上测得的驱动轮输出功率,取决于发动机输出功率、传动系统传动效率、滚动阻力损失功率和试验台传动效率等因素。由于受滚筒表面曲率的影响,驱动轮在底盘测功试验台滚筒上的滚动阻力,比在良好路面上行驶时的滚动阻力大,由滚动阻力所消耗的功率可达所传递功率的15% ~20%;在传动系统技术状况良好的情况下,汽车传动系统的功率损失占发动机输出功率的10% ~20%,其具体数值取决于传动系统的类型。底盘测功试验台驱动轮功率检测标准,可根据在用汽车发动机功率检测标准(不低于原额定功率的75%)、传动系统效率和滚动阻力损失功率的试验结果合理确定。

2. 汽车的加速能力和滑行能力测试原理

进行滑行试验时,汽车驱动轮首先带动滚筒装置、飞轮机构以相应转速旋转,此时滚筒装置和飞轮机构具有的动能与汽车道路试验时具有的动能相等。空挡滑行后,储存在滚筒装置、飞轮机构的动能释放出来,驱动汽车驱动轮和传动系统旋转,滚筒继续转过的圆周长度与汽车路试时的滑行距离相对应。滑行距离长短可反映汽车传动系统传动阻力的大小,从而判断汽车传动系统的技术状况。

汽车滑行性能的好坏,直接反映了汽车的传动系、行驶系装配、调整、润滑状况的好坏,车辆滑行性能的合格与否,也反映出车辆动力性和经济性的好坏。

3. 传动系统传动效率检测

传动系统的传动效率,是汽车驱动轮输出功率与发动机输出的有效功率之比,反映传动系统在传动过程中的能量损失。传动效率过低时,说明消耗于离合器、变速器、分动器、主减速器、差速器的消耗功率增加,汽车传动系统技术状况不良。

利用试验台反拖方法，可测得传动系统所消耗的功率。在底盘测功试验台上，可模拟汽车在相应车速下行驶时的动能，若在测得汽车驱动车轮的输出功率后，立即踩下离合器踏板，储存在飞轮系统中的动能，会反过来拖动汽车驱动轮和传动系统运转，运转阻力作用于滚筒上，因此底盘测功试验台可测得反拖驱动轮和传动系统消耗的功率。如果将同一车速下驱动轮输出功率与反拖驱动轮和传动系统所消耗的功率相加，可求得该车速所对应的发动机转速下发动机的输出功率，根据发动机输出功率和汽车驱动轮输出功率可得到传动系统的机械效率。

4. 其他项目的检测

除以上检测诊断项目外，利用底盘测功试验台滚筒装置作为模拟路面，以测功装置的制动力矩模拟汽车的行驶阻力，凡是汽车在运行中进行的检测和诊断项目，在配备所需仪器设备后，均可在底盘测功试验台上进行。如采用油耗计测试汽车在各种工况下的使用油耗；采用废气分析仪测试汽车在各种工况下的废气成分和烟度；采用发动机综合测试仪测试发动机点火提前角或供油提前角，观测发动机点火波形或柴油机供油波形；利用异响诊断分析仪诊断各总成或系统的异响；以及检测各总成工作温度和电气设备工作情况等。

五　底盘测功试验台的驱动轮输出功率测试

在底盘测功试验台上进行的主要试验项目就是测试各种工况下驱动轮输出功率，以下介绍在底盘测功试验台的测试驱动轮输出功率的方法。

1. 试验环境条件

环境温度：0～40℃；环境湿度：小于85%；大气压力：80～110kPa。

2. 测试车辆的准备

（1）车辆装备应符合制造厂技术条件的规定。

（2）车辆空载，车辆外部应清洁。

(3)车辆使用的燃料和润滑油牌号、规格应符合制造厂技术条件的规定,机油压力正常。

(4)轮胎规格和气压应符合制造厂的规定。胎冠花纹深度不得小于1.6mm,胎面和胎壁上不得有暴露出轮胎帘布层的破裂和割伤。轮胎花纹中不得夹有石子。

(5)检查空气滤清器状况,允许更换空气滤清器的滤芯。

(6)测试前,车辆应进行预热行驶,使其运动部件润滑油、冷却液等达到制造厂技术条件规定的温度状态;车辆应无明显的油、水、气泄漏现象。测试时,可设置外加风扇向汽车发动机、驱动轮轮胎吹拂冷却。

3. 底盘测功试验台的准备

(1)测试前应对照说明书检查、调整各运动部件及电气控制系统,使其处于完好状况。

(2)测试前,应利用车辆带动底盘测功机空运转10~30min,以使底盘测功机各运动部件的润滑和工作温度正常。

(3)对于水冷测功机,将冷却水阀打开。

(4)接通电源,根据被测车型选择测试功率的挡位。

4. 测试方法

(1)根据被测车辆的车型、燃油,在底盘测功机上设定检测车速及车速间隔。

(2)将被测车辆的驱动轮置于底盘测功机滚筒上,做好安全防护措施后,起动车辆并逐步换挡加速至直接挡,并以直接挡的最低车速稳定运转,等待测试开始。

(3)按测功机引导系统的指令“开始”,引车员迅速将加速踏板踩到底,待汽车车速与显示屏指令“设定车速值”相符时,稳定车速运转15s后,采样实测车速的驱动轮输出功率。应注意的是,实测车速和设定车速的允许误差为±0.5km/h。车速误差偏大时,应重新检测。

(4)读取检测数据,引车员挂空挡,松开加速踏板,车轮继续带动滚筒旋转1min以上,确保电涡流测功器散热。

(5)检测结束,举升器举起,车辆驶出底盘测功机。

5. 底盘测功机安全操作规程

(1)测试前,应对照使用说明书仔细检查并调整底盘测功机离合器、飞轮、传感器等部件的紧固状况,检查润滑部位的润滑状况,传动链、传动带及举升装置应处于良好状态,各类导线无破损、松动缺陷,计算机控制系统、引导系统工作应正常。

(2)必要时,用绝缘电阻表检查底盘测功机的绝缘电阻,应大于1MΩ,底盘测功机接地电阻应小于0.1Ω。

(3)按说明书要求,测试前底盘测功机应进行热机,使其达到工作温度,计算机控测系统应预热5~10min。

(4)检测前驱动车辆时,应安装左右挡轮,并拉紧后轮的驻车制动。以防止前轮在滚筒上左右蛇行。用车偃抵住左右非驱动车轮,或用钢丝绳或铁链等系留装置拉紧车辆,防止车辆驶出滚筒而发生事故。

(5)检测时,设备操作人员和引车员一定要注意安全操作,引车员应系上安全带并严格按引导系统的指令操作,起步、加速应缓慢平稳。如发现发动机运转吃力时,应及时换挡,以防损坏发动机。检测车速为80~100km/h时,底盘测功机加载运行时间应小于3min。测试过程中,汽车严禁使用制动器。

(6)测试过程中,严禁举升器升起,严禁举升板接触到被测车轮,以防汽车从底盘测功机中冲出。

(7)测试过程中。汽车前后严禁站人或行走。

(8)测试中,如突然发生停电,引车员应立即松开加速踏板,并挂空挡,使车辆滑行减速直至停驶。

(9)检测完毕后。应让滚筒空转1min以上,确保电涡流测功流器散热。

(10)每日检测工作结束后,应切断总电源。

(11)惯性模拟系统除进行多工况油耗试验、加速、滑行试验外,不允许随意使用。

第六章 汽车燃料经济性检测

第一节 汽车燃料经济性的评价指标

一 燃料经济性的评价指标

汽车燃料经济性是汽车的重要性能之一。汽车燃料经济性，是指汽车以最少的燃料消耗完成单位运输工作量的能力。

为了评价汽车的燃料经济性，常采用每百公里油耗量（L/100km 或 kg/100km）作为评价指标，其数值越大，汽车的燃料经济性越好。在我国和欧洲均采用这一指标来评价汽车的燃料经济性。对于货车和大型客车，由于载质量和座位不同，每百公里耗油量相差较大，因而，从车辆的使用角度，又采用单位运输工作量的燃料消耗量[L/(100t · km)或 L/(kg · km)]作为评价指标。这一评价指标不仅可用以评价汽车的燃料经济性，而且还可反映运输工作的管理水平。

汽车在使用过程中，汽车燃料消耗量除受汽车本身的结构设计、制造工艺水平、调试状况及使用燃料规格等影响外，还受到各种使用因素的影响。

二 燃料消耗量限值

营运车辆燃料消耗量限值是以该车型原厂规定的等速百公里燃料消耗量为基础确定的。

GB 18565—2001 规定采用等速百公里燃料消耗量作为车辆燃料经济性的评价指标，并规定采用本标准规定的检验方法测得的汽车百公里燃料消耗量不得大于该车型原厂规定的相应车速等速百公里燃料消耗量的110%作为燃料消耗量限值指标。这一指标是根据我国营运车辆检测设备的实际情况及JT/T 198—2004《营运车辆技术等级划分和评定要求》的执行情况提出的。

GB 18565—2001中规定了汽车等速百公里燃料消耗量，可用台架和路试两种方法进行检测。

二　汽车燃料经济性试验的类型

汽车燃料经济性试验方法，可根据试验时对各种使用因素的控制程度，分为以下几种类型。

1. 不控制的道路试验

对各种因素都不加以控制的路上试验，称为"不控制的道路试验"。这种试验，对被试车辆的维护、调整规范及所用燃料、润滑材料的规格都有明确的规定。由于各种使用因素的随机变化，要获得分散度很小的数据较难。为此，必须用相当数量的汽车进行长距离（10000～16000km）的试验，才能获得可信度较高的统计数据。虽然这是一种非常接近实际情况的试验，但这种试验持续时间很长，试验费用巨大，一般很少被采用。

2. 控制的道路试验

在道路试验时，若维持一个或几个因素不变，则称为"控制的道路试验"。例如，在汽车试验站进行的汽车质量检查试验，规定应在一般路面、恶劣路面和山区公路上测量百公里油耗，并对一些试验路线做了比较明确的规定。这就是一种"控制的道路试验"。也有的是在汽车试验场的专用试验道路上进行类似的油耗试验。

3. 道路循环试验（包括等速油耗、加速、制动油耗等）

汽车完全按规定的车速一时间规范进行的道路试验方法被称为"道路循环试验"。在实验规范中，规定了换挡时刻、制动时间、速度、加速度、制动减速度等数值。等速行驶油耗试验和怠速油耗试验是这类试验中两种最简单的循环试验方法。

等速行驶百公里油耗试验是一种在我国广泛采用的简单道路循环试验。试验一般在混凝土或沥青路面上进行,路面纵坡应不大于0.3%,路面要求干燥、平坦、清洁,测量路段的长度为500m,试验时的气温应为-10~30℃,风速不大于3m/s。试验时,汽车在规定车速下以等速行驶通过试验路段,测量燃料消耗量,一般应往返测量两次,取其平均值,然后计算出该车速下的百公里燃料消耗量。等速行驶燃料经济性不能全面考核汽车运行燃料经济性,它只能作为一种相对比较性的指标。

4. 在汽车底盘测功机上的循环试验

在汽车底盘测功机上进行燃料消耗量试验是近年来发展的试验方法。汽车底盘测功机能反映汽车的行驶阻力与加速时的惯性阻力,以模拟道路上的行驶工况。

第二节　油耗计的结构原理

汽车燃料的消耗量是用油耗计来测量的。油耗计类型很多,按测量方法可分为:容积式油耗计、质量式油耗计、流量式油耗计和流速式油耗计。大多数油耗计都能作连续的累计测量,但测量的流量范围和测量误差各不相同。

一　行星活塞式油耗计的结构

容积式油耗计可用于发动机台架试验和道路试验。容积式流量计按检测装置结构的不同可分为膜片式、量管式、活塞式(单活塞式和行星活塞式)及油泡式等。应用最多的是膜片式、单活塞式、行星活塞式和油泡式。前两种多采用电磁计数器或机械计数器,行星活塞式多采用有运算功能的数字显示仪表,油泡式采用光电计量系统。

行星活塞式油耗计是应用最广比较精确的油耗测量仪,它由燃油流量传感器和计量显示仪表两部分组成。流量传感器包括流量检测机构和信号转换机构两部分。

流量检测机构由呈十字形的水平对置的四个活塞及油缸组成，如图6-1所示。四个活塞的连杆装在壳体中心处的共颈曲轴轴颈上，在壳体及上盖里有进、出油道。当燃油在输油泵压力下经油道依次进入各油缸或依次排出时，曲轴在各缸活塞及连杆的推动下旋转。流量信号转换机构在曲轴的另一端，它把曲轴的旋转运动转换成光电脉冲信号，通过专用电缆把脉冲信号输送到计量与显示仪表中，经过计算显示读数和计量值。

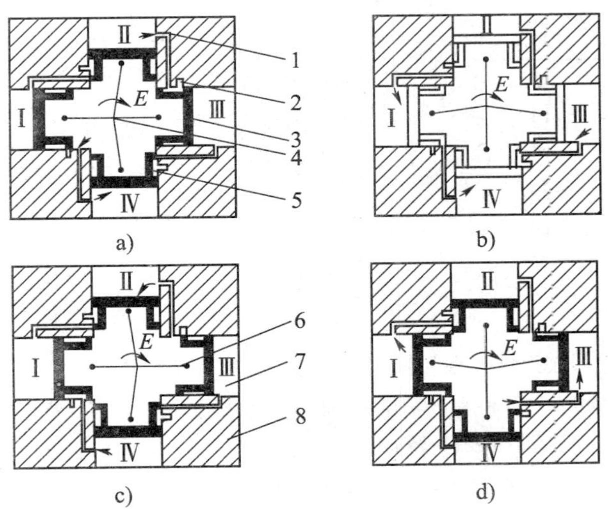

图6-1　行星活塞式油耗计

a)Ⅳ进油；b)Ⅰ缸进油；c)Ⅱ缸进油；d)Ⅲ缸进油

1-上壳体油道；2-通往上盖的出油道；3-活塞；4-曲轴；5-活塞环形槽；6-连杆；7-计量油缸；8-上壳体

二　行星活塞式油耗计的原理

行星活塞式油耗计的工作过程。燃油经传感器上盖进上壳体油道Ⅰ流入E腔，进入油缸Ⅳ，如图6-1a)所示。在燃油压力推动下，Ⅳ油缸的活塞向曲轴中心移动。同时油缸Ⅱ中的燃油，在其活塞的推动下经上壳体油道和从上盖出油道F排出壳体(图6-2)供向发动机。与此同时,Ⅰ油缸和Ⅲ油缸的油道被它们各自的活塞封闭,既不进油,也不排油。当油缸Ⅳ的活塞移到下止点时,它的上壳体油道被油缸Ⅰ的活塞关闭,如图6-1b)所示,进油停止。此时油缸Ⅰ的油道被打开,燃油进入油缸Ⅰ,油缸Ⅲ的排油道也打开,燃油经传感器上壳体油道与上盖出油道F排出。同理,当燃油依次进入油缸Ⅱ、油缸Ⅲ时。油缸Ⅳ及油缸Ⅰ排油,可见,四个油缸按顺时针次序实现进油、排油。当四个油缸完成进油、排油一次时,曲轴旋转一周。

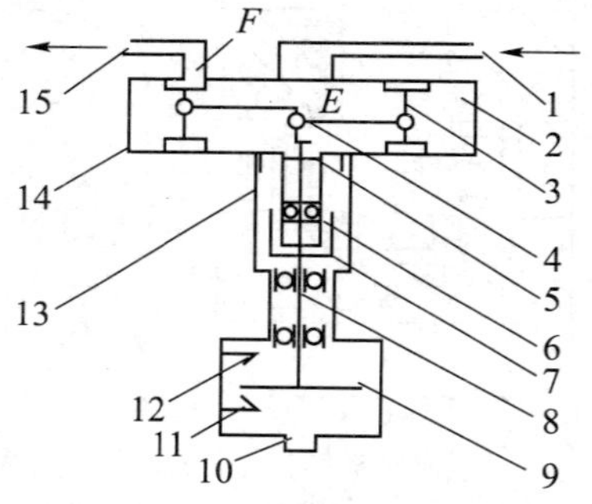

图6-2 流量信号转换机构的工作原理
1-进油道;2-计量油缸;3-活塞;4-曲轴;5-曲轴轴承;6-主动磁铁;7-从动磁铁;8-转轴;9-光栅板;10-电缆插座;11-光敏管;12-发光二极管;13-下壳体;14-上壳体;15-出油道

如图6-2所示。在曲轴的下端装有主动磁铁,它装在密封的上壳体里,浸在燃油中。下壳体装在上壳体的下端,其内装有从动磁铁和转轴。从动磁铁和转轴在主动磁铁的磁场作用下,随主动磁铁向同一方向同步旋转。在转轴的下端装有光栅板,在光栅板的上方及下方分别装有发光二极管及光敏管。由于光栅板随曲轴转动,这样就把曲轴的旋转运动转换成光电脉冲信号。脉冲信号经电缆插座,通过专用电缆把它输送到显示和计量仪表,经运算、处理,以数字显示或驱动电磁计数器计量。

活塞式油耗计计量精度较高,但对燃油的清洁性要求很高,否则活塞易卡死。行星活塞式最小量值可达0.1mL或1mL。

选用油耗计应根据用途、测量精度要求进行选择。一般四活塞式流量计应用较多。

第三节　汽车燃料消耗量的检测方法

一 燃料消耗量的台架检测

燃料经济性的台架检测就是通过台架试验方法来模拟道路试验，即汽车在底盘测功机上模拟道路等速行驶进行燃料消耗量检测的方法。其检测方法如下。

1. 检测的环境条件

(1)环境温度：0～40℃。

(2)环境湿度：大于85%。

(3)大气压力：80～110kPa。

2. 台架和车辆的准备

(1)测试前车辆应预热至正常热状态，车辆轮胎规格和气压应符合该车技术条件的规定。

(2)底盘测功机应预热到正常工作温度，底盘测功机和油耗计应符合使用要求，工作正常。

(3)测量并记录环境温度、大气压力和燃料密度。

3. 检测方法

(1)在底盘测功机上设定检测车速：轿车为60km/h；其他车辆为50km/h。

(2)将被测汽车驱动轮平稳驶至底盘测功机滚筒上，起动汽车，逐步加速并换至直接挡(无直接挡，换至最高挡)，使车速达到规定的车速。给底盘测功机加载，使其模拟汽车满载等速行驶在平坦良好路面时的行驶阻力功率。

(3)待车速稳定后开始测量，要求测量不低于500m距离的燃料消耗量。连续测量2次并记录测量路段的燃料消耗量(F)、距离(s)或时间(t)。

(4)计算等速百公里燃料消耗量和2次的算术平均值。

等速百公里燃料消耗量检测值按下式计算:

$$Q_m = \frac{F}{s} \times 100 \tag{6-1}$$

或

$$Q_m = \frac{3.6F}{vt} \times 100 \tag{6-2}$$

式中:Q_m——满载百公里燃料消耗量检测值,L/100km;

F——燃料消耗量,mL;

s——测量距离,m;

v——车速,km/h;

t——燃料消耗时间,s。

二 燃料消耗量的路试检测

道路试验检测汽车规定车速等速百公里燃料消耗的试验方法如下。

1. 试验车辆负荷

除了特殊规定外,适用于M_1、M_2类城市客车为装载质量的65%;其他车辆为满载,乘员质量及其装载要求按GB/T 12534—1990《汽车道路试验方法通则》的规定。

2. 试验的一般规定

(1)试验车辆必须清洁,关闭车窗和驾驶室通风口,只允许装载为驱动车辆所必需的设备工具。

(2)由恒温器控制的空气流必须处于正常调整状态。

(3)试验车辆必须按规定进行磨合,道路试验的其他试验条件、试验车辆准备按GB/T12534—1990的规定。

(4)试验用燃料应符合车辆制造厂的规定。

3. 检测方法

挡位采用直接挡或接近直接挡和超速挡。对装有自动变速器的车辆,采用最高挡。等速行驶,通过500m测试路段,测量通过该路段的时间及燃料消耗量。试验车速从20km/h(最小稳定车速高于20km/h时,从30km/h开始)开始,以车速10km/h的整数倍均匀选取车速,直至最高车速的90%,至少测定5个试验车速。

同一车速,往返试验两次,取其平均值,根据测得(5种车速的平均值)的数据,计算汽车的百公里燃料消耗量。

4. 检测值的修正

路试百公里燃料消耗量的检测值,应按燃料消耗量台架检测中检测数据的校正方法校正到标准状态下的数值。

第七章　汽车制动性能检测

第一节　制动性能的评价指标

一　制动性能的评价指标

汽车行驶时能在短距离内停车且维持行驶方向稳定性和在下长坡时能维持一定车速的能力，称为汽车的制动性能。汽车制动性能主要由制动效能、制动效能的恒定性和制动时汽车的方向稳定性三个方面来评价。

制动效能是指在良好的路面上，汽车以一定初速度制动到停车的制动距离或制动时汽车的减速度。它是制动性能最基本的评价指标。

制动效能的恒定性是指制动过程中，制动器的抗热衰退能力、水湿恢复能力，一般在汽车定型试验时进行。

制动时汽车的方向稳定性，常用制动时汽车按给定路径行驶的能力来评价。

对在用车辆制动性能检测是指常温下的制动效能、制动时的方向稳定性、制动操纵轻便反应灵敏性等的检测。

（一）制动效能的评价指标

车辆的制动效能是指车辆在行驶中能强制地减速以致停车，或下长坡时维持一定速度的能力。评价制动效能的指标有制动距离、制动减速度、制动力和制动时间。

为了更好地理解制动效能的评价指标，需对车辆的制动过程进行分析。

图 7-1 所示是根据实测的汽车制动过程中的制动减速度随时间的变化曲线而绘制的理想的制动减速度 j_a 随制动时间 t 变化的曲线。

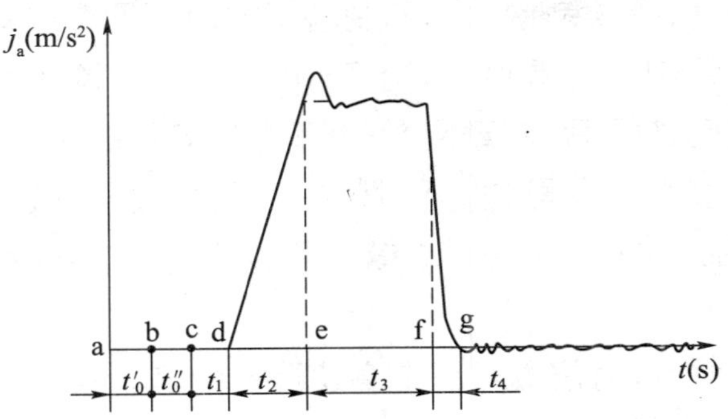

图 7-1　制动减速度 j_a 随时间变化的曲线

当驾驶人发现紧急情况时，并没有立即行动（即图中的 a 点），而要经过 t'_0 秒的大脑反应后（即图中的 b 点）才意识到要进行紧急制动，并移动右脚，从 b 点开始经过 t''_0 秒后（即图中的 c 点），右脚才踩着制动踏板。从 a 点到 c 点所经过的时间（$t''_0+t''_0$）称为驾驶人反应时间。这段时间一般为 0.3～1.0s。

在 c 点，驾驶人踩下制动踏板，由于制动踏板有一定的自由行程，而且要克服蹄片复位弹簧的拉力，所以要经过 t_1 秒后（即图中的 d 点），制动器才开始产生制动作用，使汽车开始减速。这段时间 t_1 称为制动系的反应时间。

由 d 点到 e 点是制动器制动力的增长过程，车辆从开始产生减速度到最大稳定减速度所需要的时间 t_2，一般称为制动减速度（或制动力）上升时间。通常 t_1+t_2 称为制动协调时间，一般为 0.2～0.8s。该时间一方面取决于驾驶人踩踏板的速度，另外更重要的是受制动系结构形式的影响。

从 e 点到 f 点为持续制动时间 t_3，此时间的制动减速度基本不变。

到 f 点时驾驶人松开踏板，制动速度开始消减，但制动解除还需要一段时间 t_4，这段时间称为制动释放时间。t_4 一般为 0.2～0.8s。该段时间过长会耽误随后起步行驶的时间。

因此,制动的全过程包括驾驶人发现情况后的反应时间、制动器开始起作用的时间、持续制动时间和制动释放时间四个阶段。而驾驶人的反应时间只与驾驶人自身有关,与车辆无关,在检验车辆时,可不考虑。驾驶人松开制动踏板后,制动释放时间 t_4 对下次起步行车会带来影响,而对本次制动过程没有影响。所以,在研究本次制动性能时,着重研究从驾驶人踩下制动踏板开始到车辆停住这段时间($t_1+t_2+t_3$)内车辆的制动过程。

不过,制动释放时间 t_4 对正常高速运行的汽车在“点刹”时带来的影响不可忽视,特别是同一轴上左、右车轮的制动释放时间不一致,会造成高速运行的汽车在“点刹”时出现“跑偏”现象,影响汽车的安全运行。

1. 制动距离

制动距离是指车辆在一定的速度下制动,从脚开始接触制动踏板(或手触动制动手柄)时起至车辆停住时止车辆驶过的距离。它包括制动系反应时间 t_1、制动减速度上升时间 t_2 和以最大稳定减速度持续制动的时间 t_3 三个阶段中车辆行驶的距离。

制动距离是一个整车制动性能的指标。车辆制动系调整的好坏,制动系反应时间的长短,制动力上升的快慢及制动力使车辆产生减速度的大小等,都反应在这一指标中,较综合地反映了制动性能,是大多数国家用来评价制动性能的指标。但不能反映出各个车轮的制动状况及制动力的分配情况。

2. 制动减速度

制动减速度是制动时车速对时间的导数,即$\frac{\mathrm{d}u}{\mathrm{d}t}$。它反映了地面制动力的大小,因此与制动器制动力(车轮滚动时)及附着力(车轮抱死拖滑时)有关。

制动减速度按测试、取值和计算的方法不同,可分为制动稳定减速度、平均减速度和充分发出的平均减速度。

1）制动稳定减速度 j_a（m/s^2）

用制动减速仪测取的制动减速度随时间的变化曲线，取其最大稳定值（如图7-1所示，t_3范围对应的稳定减速度值）为制动稳定减速度，以 j_a 表示。

制动减速度 j_a 与地面制动力 F、车辆总质量 G 及路面附着系数 φ 的关系是：

$$j_a = \frac{g}{G}F = \varphi g \tag{7-1}$$

从式（7-1）可以看出，制动减速度是随制动力的增加而增大的。对于某一总质量一定的车辆，制动减速度与地面制动力是等效的，因此可用制动减速度作为评价制动效能的指标。

用制动减速仪来检验车辆的制动减速度时，从理论上讲，制动初速度的大小对测量值没有影响；测试时，受路面不平整度的影响较小；测量仪器本身结构简单，使用方便。但当使用滑块式或摆锤式制动减速仪测取这一参数时，尚存在以下几个问题。

（1）受车辆制动时倾角的影响而使测量精度降低。

（2）试验的重复性较差。同一辆车在相同的车速和气压（或踏板力）下，各次测得的结果有时相差较大。特别是在车辆空载情况下试验时，这个问题更加突出。

（3）测试时受路面附着系数的影响较大。如果路面的附着系数较小，车辆达到附着极限，制动稳定减速度就不会再升高。

（4）由于它测得的减速度是一个整车性能指标，所以不能反映各轮的制动力及其分配情况。

2）充分发出的平均减速度

充分发出的平均减速度，是车辆制动试验中用速度计测得了在制动过程中车辆的速度和驶过的距离的情况下，用 v_b 到 v_e 速度间隔车辆驶过的距离，根据下列公式计算的平均减速度：

$$MFDD = \frac{v_b^2 - v_e^2}{25.92(S_e - S_b)} \tag{7-2}$$

式中:*MFDD*——充分发出的平均减速度,m/s^2;

v_b——$0.8v_0$,试验车速,km/h;

v_e——$0.1v_0$,试验车速,km/h;

S_b——试验车速从 v_0 到 v_b 间车辆行驶的距离,m;

S_e——试验车速从 v_0 到 v_e 之间车辆行驶的距离,m。

当制动过程比较平稳,制动减速度比较稳定时,也可以认为充分发出的平均减速度 *MFDD* 是采样时段的式(7-2)中的速度和距离,应采用速度精度为 ±1% 的仪器进行测量。充分发出的平均减速度亦可用其他方法来确定。无论用哪种方法,*MFDD* 的精度应在 ±3% 以内。

这个充分发出的平均减速度不受测试时车辆倾角的影响,能较准确反映车辆的制动减速特性。

3. 制动力

地面制动力越大,制动减速度越大,制动距离也越短,所以地面制动力这个参数是从本质上评价制动性能的指标。

当车轮滚动时,地面制动力就等于车轮制动器制动力,且随踏板力增长而正比的增长。当车轮同时制动到车轮抱死状态时,制动力大小取决于附着力。

在制动试验台上能方便地检测出制动力的大小。通过制动力的检测不仅可以测出各车轮的制动力大小,而且可检测出前后轴制动力分配及各轴两侧车轮的制动力平衡状况。

为了较全面地检验车辆的制动性能,用制动力作为评价指标时,在规定了制动力的大小、制动力的合理分配及制动力平衡的同时,还要规定制动协调时间。

4. 制动时间

从图 7-1 可以看出,用测量制动系统反应时间 t_1、制动减速度上升时间 t_2 和持续制动时间 t_3、制动释放时间 t_4,也可以评价车车辆制动性能的好坏。四个参数中,在最大减速度下的持续制动时间 t_3 对制动效能的影响最大。

制动系的反应时间 t_1 和制动减速度上升时间 t_2，反映了制动协调时间。制动协调时间：是指在急踩制动时，从脚接触制动踏板（或手触动制动手柄）时起至机动车减速度（或制动力）达到规定的机动车充分发出的平均减速度的75%需要的时间。

制动时间是一间接评价制动性能的指标，一般很少将它作为一个单独的参数来评价车辆的制动性能，但是，它作为一个辅助的评价指标，有时还是不可缺少的。

（二）制动稳定性的评价

汽车在制动过程中有时出现制动跑偏、后轴侧滑或前轮失去转向能力而使汽车失去控制而偏离原来的行驶方向的危险情况。汽车在制动过程中维持直线行驶或按预定弯道行驶的能力称为制动时汽车的方向稳定性，也就是这里所说的制动稳定性。

制动稳定性通常用制动时按给定轨迹行驶的能力来评价，即按汽车制动时维持直线行驶或预定弯道行驶的能力来评价。GB 7258—2012规定按汽车直线行驶，在一定的速度下制动时，不偏离规定的试车通道来评价。

在台试检验汽车的制动性能时，通常用汽车各轴左右轮制动力的平衡情况来评价汽车的制动稳定性。

二　制动装置的基本要求

机动车应设置足以使其减速、停车和驻车的制动系统，应具有行车制动、应急制动和驻车制动功能。应急制动可以是行车制动系统具有应急特性或是与行车制动分开的系统。行车制动的控制装置与驻车制动的控制装置应相互独立。

1. 行车制动装置的主要技术要求

（1）行车制动必须保证驾驶人在行车过程中能控制汽车安全、有效地减速和停车。行车制动必须是可控制的，且必须保证驾驶人在其座位上双手无须离开转向盘就能实现制动。

(2)行车制动系制动踏板的自由行程应符合汽车制造厂规定的该车有关技术条件。

(3)行车制动在产生最大制动作用时的制动踏板力,对于乘用车应不大于500N。对于其他车辆应不大于700N。

(4)液压行车制动在达到规定的制动效能时,制动踏板行程(包括空行程,下同)不得超过全行程的3/4;制动器装有自动调节间隙装置的车辆的制动踏板行程,不得超过全行程的4/5,且对于乘用车制动踏板行程不得超过120mm,其他类型车辆不得超过150mm。

(5)气压制动系统必须装有限压装置,确保储气筒内气压不超过允许的最高气压。

(6)装备储气筒或真空罐的汽车,均应采用止回阀或相应的保护装置,以保证在筒(罐)与压缩空气源(真空源)连接失效或漏损的情况下,由筒(罐)提供的压缩空气(真空度)不致全部丧失。

(7)储气筒的容量应保证在调压阀调定的最高气压下,且在不继续充气的情况下,汽车在连续五次踩到底的全行程制动后,气压不低于起步气压(未标明起步气压者,按400kPa计)。

(8)采用气压制动系统的车辆,发动机在75%的额定功率转速下,4min(汽车列车为6min,城市铰接公共汽车和无轨电车为8min)内,气压表的指示气压应从零开始升至起步气压(未标明起步气压者,按400kPa计)。

(9)车辆的行车制动必须采用双回路或多回路。

(10)采用真空助力的行车制动系统,当真空助力器失效后,制动系统仍应能保持规定的应急制动性能。

(11)车辆运行过程中,不应有自行制动现象。当挂车与牵引车意外脱离后,挂车能自行制动,牵引车的制动仍然有效。

(12)对2003年10月1日起投入运营的最大总质量大于12000kg的旅游客车,最大总质量超过16000kg允许挂接总质量大于10000kg

的挂车的货车及总质量大于 10000kg 的挂车，必须安装防抱死制动装置。

（13）采用液压行车制动的汽车，其储液器的加注口必须易于接近。必须保证在不打开容器的条件下，就能很容易地检查液面。若不能满足此条件，则必须安装制动液面过低报警装置。采用气压行车制动的汽车，当制动系统的气压低于起步气压时，报警装置应能连续不断向驾驶人发出容易听到或看到的报警信号。安装具有防抱死制动装置的汽车，当防抱死制动装置失效时，报警装置应能连续不断向驾驶人发出容易听到或看到的报警信号。

2. 驻车制动的主要技术要求

（1）驻车制动应能使车辆在没有驾驶人的情况下，也能使车辆停在上、下坡道上，驾驶人必须在座位上就可以实现驻车制动。对于汽车列车来说，在制动管路连接上要做到驾驶人在牵引车驾驶室里就可以实现列车的制动操作。

（2）挂车的驻车制动装置应能够由站在地面上的人实施操作。

（3）施加于驻车制动操纵装置的力：手操纵时，座位数小于或等于 9 座的载客汽车应不大于 400N，其他车辆应不大于 600N；脚操纵时，座位数小于或等于 9 座的载客汽车应不大于 500N，其他车辆应不大于 700N。

（4）驻车制动的控制装置的安装位置应适当，其操纵装置应有足够的储备行程（开关类操作装置除外），一般应在操纵装置全行程的 2/3 以内产生规定的制动效能；驻车制动机构装有自动调节装置时，允许在全行程的 3/4 以内，达到规定的制动效能。棘轮式制动操纵装置，应保证在达到规定的驻车制动效能时，操纵杆往复拉动次数不允许超过 3 次。

（5）驻车制动应通过纯机械装置把工作部件锁止。采用弹簧储能制动装置做驻车制动时，应保证在失效状态下能快速解除驻车状态；如需要使用专用工具，这种工具应作为随车工具。

第二节　制动检验台结构原理

制动检验台根据其结构不同主要可分为滚筒式和平板式两类;按其测试原理可分为反力式和惯性式两类。目前,国内对汽车制动性能检测所用的制动检验设备多为滚筒反力式制动检验台。

一 制动检验台的结构及检测原理

(一)滚筒反力式制动检验台

1. 基本结构

滚筒反力式制动检验台的结构简图如图7-2所示。它由结构完全相同的左右两套车轮制动力测试单元和一套指示、控制装置组成。每一套车轮制动力测试单元由框架(有的检验台将左、右测试单元的框架制成一体)、驱动装置、滚筒组、第三滚筒(举升装置)、测量装置等构成。

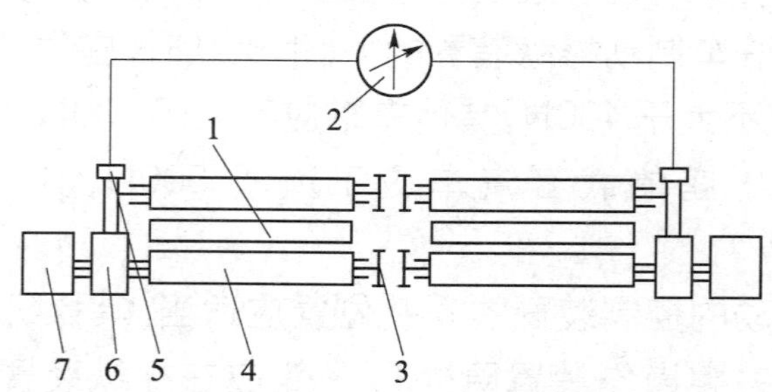

图7-2　反力式制动试验台的结构

1-举升器;2-测力表;3-链传动;4-滚筒;5-传感器;6-减速器;7-电动机

1)驱动装置

驱动装置由电动机、减速器和链传动组成。电动机经过减速器减速后驱动(或再通过链传动)主动滚筒,主动滚筒通过链传动带动从动滚筒旋转。减速器输出轴与主动滚筒共用一轴,减速器壳体为浮动连接(即可绕主动滚筒轴自由摆动)。

2) 滚筒组

由四个滚筒组成。每对滚筒独立设置，有主动滚筒和从动滚筒之分。每个滚筒的两端分别用滚动轴承支撑，被测车轮置于两滚筒之间。为使滚筒与轮胎的附着系数能够与路面相接近，滚筒表面一般都进行了相应的加工和处理。采用较多的滚筒表面有：开有纵向浅槽的金属滚筒、表面粘有金刚砂粒的粘砂金属滚筒、表面具有嵌砂喷焊层的金属滚筒等。

3) 制动力测量装置

制动力测量装置主要由测力杠杆和传感器组成。测力杠杆一端与传感器连接，另一端与减速器壳体连接，被测车轮制动时测力杠杆与减速器壳体将一起绕主动滚筒(或绕减速器输出轴、电动机枢轴)轴线摆动。传感器将测力杠杆传来的与制动力成比例的力(或位移)转变成电信号输送到指示、控制装置。传感器有应变测力式、自整角电动机式、电位计式、差动变压器式等多种类型。目前，国内制造的制动检验台多用应变测力式传感器。

4) 第三滚筒(举升装置)

通常滚筒反力式制动检验台在主动滚筒、从动滚筒之间设置一直径较小，既可自转又可上下移动的第三滚筒，平时由弹簧使其保持在最高位置。在进行制动力检验时，被检车辆的车轮置于主动滚筒、从动滚筒上并同时压下第三滚筒，并与其保持可靠接触。在第三滚筒上装有转速传感器，控制装置通过转速传感器即可获知被测车轮的转动情况。当被检车轮制动，转速下降至接近抱死时，控制装置根据转速传感器送出的相应电信号使驱动电动机停止转动，以防滚筒剥伤轮胎和保护驱动电动机，同时起到防止被检车辆后移，读取被检车轮的最大制动力。第三滚筒除了上述作用外，还有一个重要作用，在计算机控制的检测线上作为被检车轮的到位控制和安全保护装置用，只有当两个车轮制动单元的第三滚筒同时被压下时，计算机控制系统才确认被检车轮已经到位，发出信号接通制动检验台驱动电动机的电路，这时候制动检验台开始正常检测。

为了便于汽车出入制动检验台,一般在主动滚筒、从动滚筒之间设置有举升器。该装置通常由举升器、举升平板和控制开关等组成。举升器常用的有气压式、电动螺旋式、液压式等三种形式。带有第三滚筒的制动检验台一般不用举升装置。

5)指示与控制装置

为了提高自动化与智能化程度,控制装置多已配置了计算机。指示装置有指针式和数字显示式两种。带计算机的控制装置多配置数字显示器,但也有配置指针式指示仪表的。

2. 检测原理

如图7-3所示,这种制动试验台不是直接测量滚筒所受的制动力,而是测量电动机所受的反作用力,所以被称为"反力式"制动试验台。电动机的定子机壳并不固定,而是在定子机壳上安装一个测力臂,力臂另一端则压在传感器上,与前述底盘测功机类似。这样,当电动机通电后,转子转动时,因定子、转子的相互作用,定子所受反作用转矩将会通过测力臂对传感器施加一个压力。

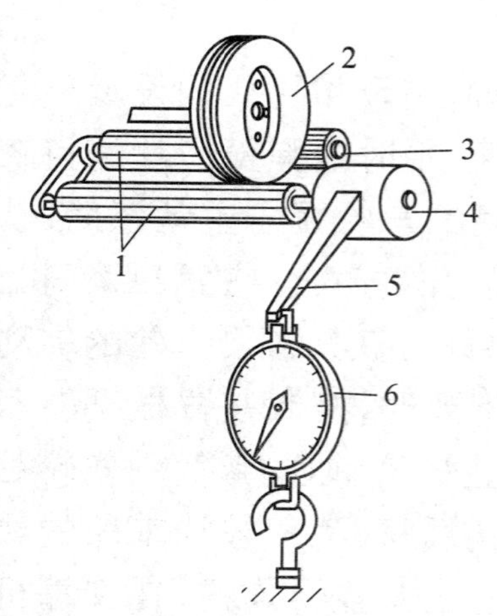

图7-3 反力式制动试验台的原理
1-滚筒;2-车轮;3-滚筒旋转方向;4-电动机;5-杠杆;6-测力秤

测量时,将被测车轮置于滚筒上,由电动机驱动滚筒及车轮一起转动。当汽车制动时,车轮不再转动,对转动的滚筒产生了制动作用。对电动机而言,就是增大了定子、转子相互作用转矩,最终是加大了对传感器的压力。通过测量此压力,就可以计算出汽车的车轮制动力。

从测力传感器送来的电信号经放大滤波后,送往A/D转换器转换成相应数字量,经计算机采集、存储和处理后,检测结果由数码管显示或由打印机打印出来。打印格式与内容由软件设计而定。一般可以把左轮、右轮最大制动力、制动力和、制动力差、阻滞力和制动力—时间曲线等，一并打印出来。

由于制动力检测技术条件要求是以轴制动力占轴荷的百分比来评判的，为此，除了设置制动检验台外，还必须配备轴荷计，有些复合式滚筒反力式制动检验台装有轴荷测量装置。其称重传感器（应变片式）通常安装在每一车轮测试单元框架的4个支撑脚处。

（二）平板式制动检验台

1. 基本结构

平板式制动试验台是一种低速动态惯性式制动检验台，由表面轧花的测试平板、数据采集系统组成，结构如图7-4所示。平板共六块，其中四块为制动—悬架—轴重测试用，一块为侧滑测试平板，还有一块为空板（不作测试用）。数据采集系统由力传感器、放大器、多通道数据采集板、控制和显示装置组成。来自各传感器的模拟量信号经放大后进入数据采集板，再由计算机进行数据处理，以显示和打印数据结果。

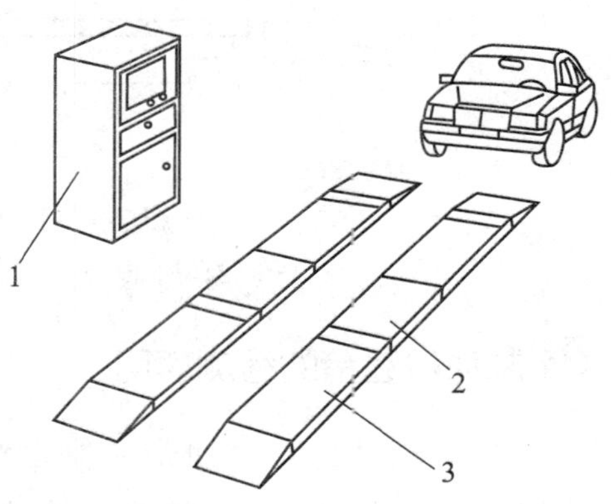

图7-4　平板式制动试验台

1-数据采集系统；2-侧滑测试平板；3-制动—悬架—轴重测试平板

该检验台不需要模拟汽车的转动惯量，较容易将制动检验台与轮重仪、侧滑检验台组合在一起，使车辆测试更加方便高效。平板式制动试验台，不仅结构简单，测试方便，且比滚筒反力式制动试验台更接近实际制动状况，因此，应用较广。

2. 工作原理

平板式制动检验台的检测原理如图7-5所示，当汽车以一定速度（5～10km/h）驶上测试平板，变速器置于空挡并进行紧急制动时，汽车在惯性作用下,车轮对测试平板作用一个大小与车轮制动力相等、方向与汽车行驶方向相反的制动力,该力通过纵向拉杆传到拉力传感器上,拉力传感器将此作用力转变为相应大小的电信号,并将该信号送入控制和显示装置;车轮作用于平板的垂直作用力由分布在平板四角的压力传感器转变为电信号,送入控制和显示装置,把检测结果显示或打印出来。

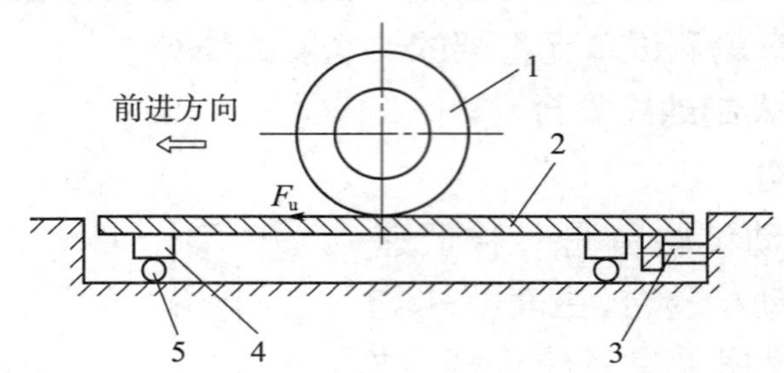

图7-5 平板试验台的工作原理

1-车轮;2-平板;3-拉力传感器;4-承重传感器;5-钢球

二 制动检验台的检测项目

在用制动检验台对汽车制动性能进行检测时,根据国家标准对制动性能的技术要求及检测设备的能力,应进行下列项目的检测:轴(轮)荷、车轮阻滞力、轮制动力、左右轮制动力平衡、轴制动力与轴荷的百分比、整车制动力总和与整车质量的百分比和驻车制动力等。

1. 轴(轮)荷

该参数主要用于相关的制动力平衡、制动力总和与整车质量的百分比、轴制动力与轴荷的百分比的评价。对于平板式制动检验台来说,在检测过程中应采用动态轴荷。

2. 车轮阻滞力

检测车轮阻滞力,用以判定车辆在正常行驶时车轮是否"发咬"。

3. 轮制动力

轮制动力与轴(轮)荷相配合,用于判定被检车辆的左右轮制动力平衡、轴制动力与轴荷的百分比是否符合技术要求。

4. 左右轮制动力平衡

该参数与制动力增长全过程同时所测得的左右轮制动力中大者相配合；或与该轴的轴荷相配合。以判定被检车辆的制动力平衡是否符合技术要求。

5. 轴制动力与轴荷的百分比

被检车轴的轴制动力与该车轴的重量相比的百分比。

6. 整车制动力总和与整车质量的百分比

被检车辆的整车制动力总和与该车测试状态的重量相比的百分比。

7. 驻车制动力

驻车制动力与被检车辆测试状态的重量相比，以判定被检车辆的驻车制动力是否符合技术要求。

第三节　汽车制动性能检测方法

一　台试检测汽车制动性能

我国汽车制动性能检测的标准，规定了可用台试检验制动性能，也可以用路试检验制动性能。一般情况下，可采用台试检验汽车的制动性能，但当对台试检验的结果发生争议时，或无法采用台试检验方法进行检验时，可以用路试检验进行制动性能检测，并以满载状态路试的结果为准，以确保对汽车制动性能判断的准确性。

（一）汽车制动性能检验要求

1. 行车制动性能的检验要求

汽车在制动检验台上检验行车制动性能应符合下列要求。

(1) 汽车、汽车列车在制动检验台上测出的制动力应符合表 7-1 的要求。

台试检验制动力要求　　表 7-1

机动车类型	制动力总和与整车质量的百分比(%)		轴制动力与轴荷[a]的百分比(%)	
	空载	满载	前轴	后轴
乘用车、总质量不大于 3500kg 的货车	≥60	≥50	≥60[b]	≥20b
其他汽车、汽车列车	≥60	≥50	≥60[b]	—

注:a. 用平板制动检验台检验乘用车时,应按动态轴荷计算。

b. 空载和满载状态下测试均应满足此要求。

进行制动性能检验时的制动踏板力或制动气压应符合以下要求:

①满载检验时:

气压制动系统:气压表的指示气压小于或等于额定工作气压。

液压制动系统:乘用车踏板力小于或等于 500N;其他机动车踏板力小于或等于 700N。

②空载检验时:

气压制动系统:气压表的指示气压小于或等于 600kPa;

液压制动系统:乘用车踏板力小于或等于 400N;其他机动车踏板力小于或等于 450N。

(2)制动力平衡要求。在制动力增长全过程中,同时测得的左右轮制动力差的最大值,与全过程中测得的该轴左右轮最大制动力中大者之比,前轴不应大于 20%,后轴(及其他轴)在轴制动力不小于该轴轴荷的 60%时,应不大于 24%;当后轴(及其他轴)制动力小于该轴轴荷的 60%时,不应大于 8%。

(3)制动力协调时间。对液压制动的汽车制动力协调时间不应大于 0.35s,对气压制动的汽车制动力协调时间不应大于 0.60s;汽车列车和铰接客车、铰接式无轨电车的制动力协调时间不应大于 0.80s。

(4)车轮阻滞力。汽车车轮阻滞力要求:进行制动力检验时,各车轮的阻滞力均不应大于车轮所在轴轴荷的 5%。

(5)制动力完全释放时间。汽车制动力完全释放时间(从松开制动踏板到制动消除所需要的时间）不应大于0.80s。

2. 驻车制动性能检验要求

当采用制动检验台检验汽车驻车制动装置的制动力时，机动车空载，乘坐一名驾驶人，使用驻车制动装置，驻车制动力的总和不应小于该车在测试状态下整车质量的20%（对总质量为整备质量1.2倍以下的机动车，为不小于15%）。

（二）滚筒反力式制动检验台检验

正确使用制动检验台是确保制动检验结果准确、公正的必要条件。因此，在对汽车制动性能检验时，除了严格遵守检测设备的操作规程进行操作外，同时，要根据被检车辆的实际情况选择合适的检验方法。

1. 检验前准备

（1）制动检验台滚筒（或平板）表面应清洁，没异物及油污，表面附着系数应符合规定的要求。

（2）气压制动的车辆，应能保证在该车各轴制动力测试完毕时，储气筒压力仍不低于起步气压（未标注起步气压者，按400kPa计）。

（3）液压制动的车辆，根据需要将踏板力计装在制动踏板上。

2. 测试步骤

（1）被检车辆正直居中行驶，各轴依次停放在轴（轮）荷仪中间位置，并按仪器说明书规定的时间停放，分别测出轴（轮）静态载荷（轴荷、制动分列式）。

（2）被检车辆正直居中行驶，将被检测车轮停放在滚筒上，变速器置于空挡。

（3）起动滚筒电动机，在2s后开始采样并保持足够的采样时间（5s），测阻滞力。

（4）检验员按显示屏指示，在5～8s内（或按厂家规定的速率），将制动踏板逐渐踩到底（对气压制动车辆），或踩到制动性能检验时规定的制动踏板力，测得左、右车轮制动力增长全过程的数值，并依次测试各车轴；对驻车制动轴，拉紧驻车制动操纵杆，测得驻车制动数值。

(三)平板式制动试验台检验

1. 测试前的准备

(1)将检验台指示与控制装置上的电源开关打开,按使用说明书要求预热到规定状态。

(2)检查并清洁制动检验台的测试平板,平板表面不能有水、油污等污染物。

(3)检查检验台的仪表是否处于零位,若不在零位,应及时调零。

(4)核实被检汽车各轴轴荷,确保被测汽车的各轴轴荷在检验台允许载荷范围内。

(5)检查被检汽车的轮胎表面是否粘有泥、水、油污,轮胎花纹内或双轮胎间嵌入的杂物,如有,应清除干净。

(6)检查被检汽车车轮的气压,应符合汽车制造厂的规定。

2. 测试步骤

(1)被检汽车对正检验台,以5~10km/h车速驶上测试平板,变速器置于空挡,前方指示灯闪亮时,驾驶人急踩制动踏板,使车辆停住,并读取检测结果。

(2)汽车驶离检验台。

(3)切断检验台电源。

(四)检验方法的选择及注意事项

1. 检验方法的选择

(1)汽车制动性能的检验宜采用滚筒反力式制动检验台或平板式制动检验台检验,前轴驱动的乘用车更适合采用平板式制动检验台检验制动性能。

(2)对于部分无法在滚筒反力式制动检验台检测的车辆,如四轮全时驱动汽车、双后轴驱动汽车、多轴半挂车等,以及对台试制动性能检验结果有质疑的汽车,应采用路试检验制动性能。

(3)一般情况下,可采用台试检验汽车的制动性能,但当对台试检验的结果发生争议时，或无法采用台试检验方法进行检验时，可以用路试检验进行制动性能检测，并以满载状态路试的结果为准。

2. 注意事项

(1)除了滚筒反力式制动检验台外，滚筒式制动检验台还包括惯性式滚筒制动检验台，应允许使用符合规定的惯性式滚筒制动检验台检验机动车的制动性能。

(2)用滚筒式制动检验台检验行车制动时，不需要测取制动协调时间。

(3)制动检验时，被检车辆应尽量停正，否则极有可能由于左右两侧车轮与滚筒接触面积和状态的不同而导致制动力平衡达不到要求。

(4)滚筒反力式制动检验台检验行车制动时，应保证前轴制动力、后轴制动力和整车制动力是在同一次上线检验时达到标准规定的要求，即复检行车制动的制动力时，应复检所有车轴的行车制动力，而并非仅检验上次检验不达标的车轴。

(5)如果是多轴驻车制动的车辆，应分别测出各轴的驻车制动力，并取其之和作为该车的驻车制动力，用作判定被检车辆的驻车制动力是否合格的依据。

二　路试检测汽车制动性能

路试检验汽车制动性能的优点是直观、简便，能真实地反映汽车实际行驶过程中汽车动态制动性能；能综合反映汽车其他系统的结构性能对汽车制动性能的影响。不足之处是，只能反映整车制动性能的好坏，而对于各轮的制动状况及制动力的分配不易取得定量的数值、不易诊断故障发生的具体部位、重复性差。

通常，在路试检验汽车制动性能时，用第五轮仪和非接触式速度仪来测量被检车辆的制动距离；用便携式制动性能测试仪检测被检车辆的充分发出的平均减速度(*MFDD*)与制动协调时间。

(一)路试汽车制动性能要求

1. 行车制动性能检验要求

1)用制动距离检验行车制动性能

机动车在规定的初速度下的制动距离和制动稳定性要求应符合表7-2的规定。对空载检验的制动距离有质疑时,可用表7-2规定的满载检验制动距离要求进行。

制动距离和制动稳定性要求　　表7-2

机动车类型	制动初速度(km/h)	满载检验制动距离要求(m)	空载检验制动距离要求(m)	试验通道宽度(m)
乘用车	50	≤20.0	≤19.0	2.5
总质量不大于3500kg的低速汽车	30	≤9.0	≤8.0	2.5
其他总质量不大于3500kg的汽车	50	≤22.0	≤21.0	2.5
其他汽车、汽车列车	30	≤10.0	≤9.0	3.0

制动稳定性要求:是指制动过程中机动车的任何部位(不计入车宽的部位除外)不允许超出规定宽度的试验通道的边缘线。

2)用充分发出的平均减速度检验行车制动性能

汽车、汽车列车在规定的初速度下急踩制动踏板时,充分发出的平均减速度及制动稳定性要求,应符合表7-3的规定,且制动协调时间对液压制动的汽车不应大于0.35s,对于气压制动的汽车不应大于0.60s,对于汽车列车和铰接客车、铰接式无轨电车的制动协调时间不应大于0.80s。对空载检验的充分发出的平均减速度有质疑时,可用表7-3规定的满载检验充分发出的平均减速度进行判断。

制动减速度和制动稳定性要求　　表7-3

机动车类型	制动初速度(km/h)	满载检验充分发出的平均减速度(m/s^2)	空载检验充分发出的平均减速度(m/s^2)	试验通道宽度(m)
乘用车	50	≥5.9	≥6.2	2.5
总质量不大于3500kg的低速汽车	30	≥5.2	≥5.6	2.5
其他总质量不大于3500kg的汽车	50	≥5.4	≥5.8	2.5
其他汽车、汽车列车	30	≥5.0	≥5.4	3.0

3)制动踏板力与制动气压的要求

在进行路试制动性能检验时,需控制的制动踏板力与制动气压,应和台试检验制动力时间同步。

2. 应急制动性能检验要求

汽车在空载和满载状态下,按表7-4所列初速度进行应急制动性能检验,应急制动性能指标应符合表7-4的要求。

应急制动性能要求 表7-4

机动车类型	制动初速度(km/h)	制动距离(m)	充分发出的平均减速度(m/s^2)	允许操纵力不应大于(N)	
				手操纵	脚操纵
乘用车	50	≤38.0	≥2.9	400	500
客车	30	≤18.0	≥2.5	600	700
其他汽车	30	≤20.0	≥2.2	600	700

3. 驻车制动性能检验要求

在空载状态下,驻车制动装置应能保证汽车在坡度为20%(对总质量为整备质量的1.2倍以下的汽车为15%)、轮胎与路面间的附着系数不小于0.7的坡道上,正、反两个方向保持固定不动,其时间不应少于5min。对于允许挂接挂车的汽车,其驻车制动装置必须能使汽车列车在满载状态下能停在坡度为12%的坡道(坡道上轮胎与路面的附着系数不应小于0.7)上。

检验时,操纵力按GB 7258—2012的规定。

在规定的测试状态下,汽车使用驻车制动装置,能停在坡度更大且附着系数符合要求的试验坡道上时,应视为达到了驻车制动性能检验规定的要求。

(二)汽车制动性能路试检验方法

(1)路试检验机动车制动性能时,应在纵向坡度不大于1%,轮胎与路面间的附着系数不小于0.7的硬实、干燥和清洁的混凝土或沥青路面上进行。检验时变速器置于空挡。

(2)对于无法上制动检验台进行检验的车辆及经台架检验后对其

制动性能有质疑的车辆，用制动距离或充分发出的平均减速度和制动协调时间判定制动性能。必要时，应安装踏板力计，检查达到规定制动效能时的制动踏板力是否符合标准。

(3)在试验的路面上划出表7-2规定宽度的试验通道边线，被测汽车沿着试验车道的中线行驶至高于规定的初速度后，变速器置于空挡(自动变速器的汽车，变速器置于"D"位)，当滑行到规定的初速度时，急踩制动踏板，使汽车停止。

(4)用制动距离检验行车制动性能时，采用第五轮仪或非接触式速度仪，测量汽车的制动距离，并检查车辆有无驶出试验通道的边线。对除气压制动外的汽车，还应同时测取制动踏板力(或手操纵力)。

(5)用充分发出的平均减速度检验行车制动性能时，采用便携式制动性能测试仪检测被检车辆的充分发出的平均减速度(*MFDD*)与制动协调时间，并检查车辆有无驶出试验通道的边线。对除气压制动外的汽车，还应同时测取制动踏板力(或手操纵力)。

(6)用充分发出的平均减速度检验行车制动性能时，若受场地限制，则对于制动检验台检验时制动力平衡符合要求且前轴制动力大于60%，但整车制动力不达标的车辆，可以适当降低制动检验初速度，但对乘用车及总质量不大于3500kg的货车，不得低于30km/h，对其他车辆不得低于20km/h。

(7)将车辆驶上坡度为20%(总质量为整备质量的1.2倍以下的车辆为15%)、附着系数不小于0.7(混凝土或沥青路面)的坡道上，按正反两个方向保持固定不动，检验车辆的驻车制动是否符合要求。

第八章 汽车的转向操纵性检测

汽车转向操纵系统性能的检测参数一般包括：转向盘最大自由转动量、最小转弯直径和内外轮转向角、适度的不足转向特性、转向盘最大转向力、转向轮横向滑移量和车轮定位值等。

第一节 转向操纵性的检测

一 转向操纵性的评价指标

1. 转向盘最大自由转动量

转向盘的最大自由转动量，是指汽车转向轮在保持直线行驶位置静止不动时，轻轻转动转向盘，使转向盘从一侧刚好能带动转向轮，转到另一侧刚好能带动转向轮时转向盘所转过的角度（空转的角度）。该参数反映了转向盘转动至带动车轮转动之间全部传动部件的配合状况。

转向盘的自由转动量不能过大，也不能过小，应定期进行检测、调整和维护，使其保持在合适的范围之内。

2. 车辆不足转向特性

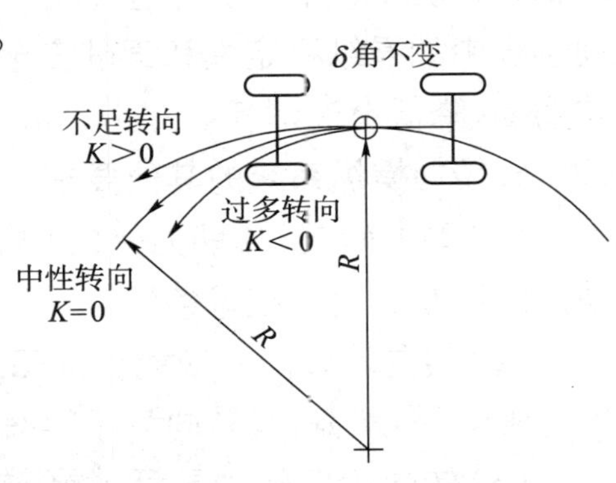

图 8-1 三种不同转向特性

汽车的稳态转向特性分不足转向、中性转向和过多转向三种类型。如图 8-1 所示，这三种不同转向特性的汽车具有如下行驶特点：在转向盘保持一固定转角δ 下，缓慢加速或以不同车速等速行驶时，随着车速的增加，不足转向汽车的转向半径 R 增大;中性转向汽车的转向半径维持不变;而过多转向汽车的转向半径则越来越小。一般情况下,具有适度不足转向特性的汽车才有良好的操纵稳定性,汽车不能具有过多转向特性。

3. 转向盘最大转向力

转向盘的最大转向力,是指车辆在一定的行驶条件下,为维持转向角度不变的行驶而作用在转向盘外缘上的最大切向力。这个检测参数主要是用来检查转向系统中各零部件的配合状况。

4. 转向轮横向侧滑量

为保证汽车的车轮在直线行驶中无横向滑移,要求车轮的外倾角和前束角要匹配适当。当车轮外倾角与前束角匹配不当时,汽车的车轮就有可能在直线行驶过程中不作纯滚动,而产生横向滑移现象。当这种横向滑移现象过于严重时,将会降低车轮的附着能力,减弱汽车定向行驶能力,导致轮胎异常磨损,严重时,还可能引发交通事故。

5. 车轮定位参数

车轮定位参数一般包括:前轮外倾角、主销内倾角、主倾后倾角、前轮前束角、转向轮最大转向角、前展角(前张角)、车轴偏角(轴距偏差)、推力角(推进线)、后轮前束角和后轮外倾角等。定期对车轮定位参数进行检测,通过维护、调修以维持正确的车轮定位参数,可及时消除这些车辆在行驶中(特别在高速行驶中)的不安全因素,从而提高汽车在行驶过程中的操纵稳定性和驾驶安全性,同时,可以减少轮胎磨损、悬架系统磨损,降低燃油消耗。

6. 转向操纵系统的其他要求

(1)动力转向(或助力转向)的车辆卸载阀的工作时刻应符合原厂规定的该车的有关技术条件。

(2)转向轮转向后应能自动回正,在平坦、硬实、干燥和清洁的道路上行驶,不得跑偏,其转向盘不得有摆振或其他异常现象。

(3)转向盘应转动灵活,操纵轻便,无阻滞现象。在车轮转向过程中,不得与其他部件有干涉现象。

(4)转向节及臂，转向横、直拉杆及球头销应无裂纹和损伤，并且球头销不得松旷。对车辆进行改装或修理时，横、直拉杆不得拼焊。

二 转向盘最大转向力的检测

(一)转向盘的最大转向力的限值

(1)GB 18565—2001《营运车辆综合性能要求和检验方法》中规定，车辆转向盘外缘的最大转向力必须符合：

①路试检测时汽车空载，在平坦、干燥和清洁的硬路面上，以10km/h的速度在5s之内沿螺旋线从直线行驶过渡到直径为24m的圆周行驶，施加于转向盘外缘的最大切向力不得大于150N。

②原地检测时，汽车转向轮置于转角盘上，转动转向盘使转向轮达到原厂规定的最大转角，在全过程中，用转向力测试仪测得的转动转向盘的操纵力不得大于120N。

(2)GB 7258—2012《机动车运行安全技术条件》中规定：机动车在平坦、硬实、干燥和清洁的混凝土或沥青道路上行驶，以10km/h的速度在5s之内沿螺旋线从直线行驶过渡到直径为24m的圆周行驶，施加于转向盘外缘的最大切向力不应大于245N。

(二)转向盘最大转向力的检测方法

转向盘最大转向力的检测方法有“路试检测”和“原地检测”两种。“路试检测”比较接近道路实际行驶状况，但对场地、仪器及人员操作要求较高。“原地检测”较为简单，可以使该项检验更具有可操作性。

原地检测将转向轮置于转角盘上，保持转向轮直线行驶的位置，将显示值窗口的数值调零。

转动转向盘，使转向轮达到原厂规定的最大转角，在此转向的全过程中，用转向测力仪测量转动转向盘的操纵力。检测时应注意，车轮要尽量停在转角盘的中央；转角盘内的滑道、滚珠要润滑良好，转动自如。

(三)转向特性的检查方法

1. 车辆转向操纵性要求

国家标准对车辆的转向操纵性有如下要求:

GB 18565—2001《营运车辆综合性能要求和检验方法》和 GB 7258—2012《机动车运行安全技术条件》中规定,汽车(三轮汽车除外)应具有适度的不足转向特性,以使车辆具有正常的操纵稳定性。

2. 转向特性的检查方法

汽车的过多转向特性、中性转向特性或不足转向特性只有在汽车的转向运动中才能体验出来。检测时,由引车员驾驶车辆做等速圆周运动。

检验时,让驾驶人保持转向盘(转向轮)一个固定的转向角,令汽车保持一个不变的速度作匀速圆周运动,当迅速增高行驶车速时,若汽车的转向半径 R 增大,这种汽车具有不足转向的特性;若汽车的转向半径 R 不变,这种汽车具有中性转向的特性;若汽车的转向半径 R 减小,这种汽车就具有过多转向的特性。

第二节　车轮侧滑的检测

一 转向轮横向侧滑量的国家要求

GB 7258—2012《机动车运行安全技术条件》和 GB 18565—2001《营运车辆综合性能要求和检验方法》中规定对前轴采用非独立悬架的汽车,其转向轮的横向侧滑量,用侧滑台检验时侧滑量值应在 ±5m/km 之间。

二 车轮侧滑检测仪的结构及原理

汽车侧滑检验设备常见的是测量车轮横向滑移量的滑板式侧滑试验台,属于车轮动态侧滑检验台。

滑板式侧滑试验台，按其结构又可分为单板式侧滑试验台和双板式侧滑试验台两种形式。前者只有一块侧滑板，检验时汽车只有一侧车轮从试验台上通过；后者有左右两块侧滑板，检验时汽车左、右车轮同时从侧滑板上通过。

1. 侧滑检验台的结构

侧滑检验台是当汽车在滑动板上驶过时，用测量滑动板左右移动量的方法来测量车轮侧滑量的大小和方向，并判断是否合格的一种检测设备。

侧滑检验台按滑动板数量分有双板联动式和单板式两种；按滑动板长度分有500mm、800mm、1000mm 三种；按测量参数分有测量滑动板位移量和车轮侧滑力两种。

双板联动式侧滑检验台由台体机械部分、测量装置、显示装置等几部分组成，结构如图 8-2 所示。

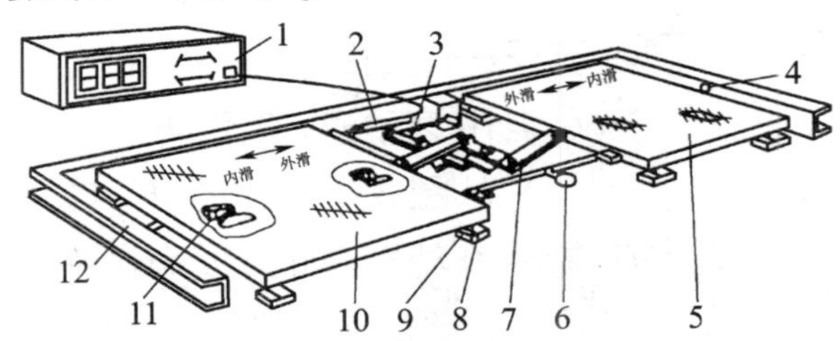

图 8-2　双板联动式侧滑检验台的结构

1-侧滑台指示装置；2-传感器；3-同位机构；4-限位装置；5-右滑板；6-锁定装置；7-双摆臂杠杆机构；8-滚轮；9-导轮；10-左滑板；11-导向装置；12-框架

台体机械部分包括：框架及左右滑动板、双摆臂杠杆机构、复位装置、导向和限位装置等。滑动板长度有500mm、800mm、1000mm 三种，滑动板越长，测试精度越高。滑动板通过滚轮、轨道和两板间的杠杆机构进行左右等量的相对运动。

测量装置：现在大多数侧滑检验台的测量装置都使用电位计式或差动变压器式传感器。

指示装置：常用的指示装置有指针式和数字式两种。指针式仪表把从测量装置传递来的滑动板位移量,按汽车每行驶 1km 侧滑 1m 定为一格刻度指示。数显式侧滑台用数字显示侧滑量值,用“+”、“-”号表示滑动板移动的方向。依据 GA 468—2004 标准规定:滑动板向外移动(即车轮有向内移动的趋势)记作“+”;滑动板向内移动(即车轮有向外移动的趋势)记作“-”。

智能型汽车侧滑检测仪的指示装置,还能够记录车轮侧滑全过程的侧滑量数组,并能将数据锁存,以保证车轮驶离侧滑台后,操作人员还能读取侧滑量的最大值和打印车轮滑移过程曲线。

2. 双板联动式侧滑检验台工作原理

1)外倾角对侧滑的影响

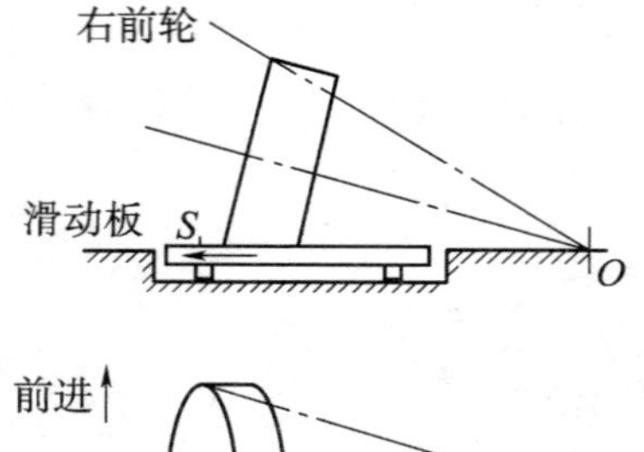

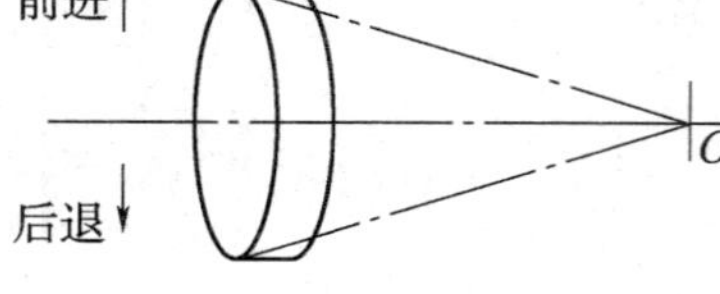

图 8-3 具有正外倾角的车轮

具有正外倾角的车轮,其轮轴中心的延长线必定与车辆右侧地面在一定距离处有一个交点 O,如图 8-3 所示。此时的车轮相当于一个圆锥体的一部分,在车轮向前或向后自由滚动时,其运动形式均类似于滚锥。

从图 8-3 可以看出,具有正外倾角的车轮在滚动时,如果没有任何约束,车轮会绕 O 点转动。在实际运动中,由于有车桥的约束,车轮不可能向外滚动,那么,向前运动着的车轮就有向外侧滚动的趋势。当车轮通过滑动板时,存在于车轮与滑动板之间的弹性附着力就会推动滑动板向内移动,此时滑动板向内的位移量记为 S_a(即由外倾角所引起的侧滑分量)。具有正外倾角的车轮在滚动时,由于其类似于滚锥的运动情况,因而,无论是前进还是后退,所引起的侧滑分量都会使得滑动板向内移动。

2)前束角对侧滑的影响

具有正前束角的车轮在前进时,车轮有向内滚动的趋势,但因受到车桥的约束,在实际前进时车轮不可能向内侧滚动。但在通过侧滑板时,由于车轮与滑动板之间的附着作用,车轮就会推动滑动板向外侧移动，如图 8-4 所示。此时滑动板向外的位移量记为 S_t（即由前束角所引起的侧滑分量）。

当具有正前束角的车轮后退时，若在无任何约束的条件下，车轮势必会向外侧滚动，但因受到车桥的约束作用，使得直线后退的车轮存在着向外滚动的趋势，从而在其通过滑动板时在车轮附着力的作用下，推动滑动板向内侧移动，其运动方向如图 8-4 所示。

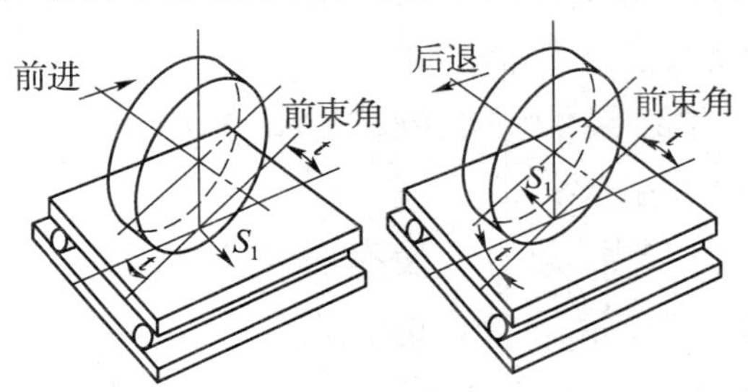

图 8-4　具有正前束角的车轮

按照有关标准，在检测车轮侧滑量的大小及侧滑方向时，规定侧滑台的滑动板向外侧移动为正；滑动板向内侧移动为负。即车轮在运动时有向内侧滑移趋势时引起的侧滑分量为正；反之为负。据此，我们来分析车轮侧滑检验台在车轮外倾角和前束角的共同作用下，滑动板是如何运动的。

3）外倾角和前束角同时对侧滑的影响

按照上面的约定，滑动板向外侧移动为正，向内侧移动为负。就有车辆在前进时由正外倾角所引起的滑动板的侧滑分量为 $S_a' < 0$，由负外倾角所引起的滑动板的侧滑分量为 $S_a > 0$；由正前束角所引起的滑动板的侧滑分量为 $S_t > 0$；由负前束角所引起的滑动板的侧滑分量为 $S_t < 0$。当车轮外倾角及前束角都不大的情况下，可以认为 S_a 和 S_t 在前进和后退的过程中，侧滑分量的绝对值不变。那么，车轮在外倾角和前束角的共同作用下通过侧滑台时，滑动板的侧滑量就是 S_a 与 S_t 间的简单叠加（或抵消）关系。假设车轮在前进时通过侧滑检验台所产生的侧滑量为 $A = S_a + S_t$，对于正外倾角配正前束角的车轮，则可以得出以下列结论：

(1)$A>0$(叠加结果滑动板向外移动),表示侧滑量主要是由前束角过大或外倾角过小引起的。

(2)$A<0$(叠加结果滑动板向内移动),表示侧滑量主要是由外倾角过大或前束角过小引起的。

若是由负外倾角配负前束角的车轮,则当:

(1)$A>0$(叠加结果滑动板向外移动),表示侧滑量主要是由前束角过小或外倾角过大引起的。

(2)$A<0$(叠加结果滑动板向内移动),表示侧滑量主要是由外倾角过小或前束角过大引起的。

(3)$A=0$(叠加结果滑动板没有移动),表示由外倾角引起的侧滑分量与前束角引起的侧滑分量正好相互抵消。

从前面的叙述可知,正常情况下转向轮的横向滑移量只与车轮外倾角和前束角(值)的匹配有关,如果检测的结果超出允许的限值,则在大多数情况下,是车轮的前束角(值)发生变化,与外倾角不能匹配所致。由此,可以根据滑动板的运动方向,从车轮外倾、负外倾、车轮前束、负前束四个因素中判断出具体是哪个因素主要引起车轮侧滑,从而可以有效地指导维修人员检查调整车轮前束角和车轮外倾角。

三 横向侧滑量的检测方法

不同型号的侧滑台,应根据使用说明书的要求,使用不同的操作方法。双板联动式侧滑检验台的检测程序如下。

1. 检测准备

(1)接通电源前,应先检查仪表指针的机械零位(数码显示的除外)是否正常;接通电源后,打开滑动板锁止机构,查看仪表的显示零位是否正常。

(2)检查侧滑台前后路面及滑动面板,应无机油、石子、泥污等杂物。

(3)检查各种导线有无因损伤或接触不良的部位,必要时,应进行修理或更换。

(4)检查车辆的轮胎气压是否符合规定值(出厂标准)。

(5)检查并清除轮胎上的油污、泥土和嵌入的石子、杂物等。

2 检测方法

(1)确认滑动板锁止机构已打开。

(2)将汽车对正侧滑检验台,并使转向盘处于正中位置。

(3)使汽车沿台板上的指示线以3~5km/h的车速平稳前行,在行进过程中,不允许转动转向盘。

(4)转向轮通过滑动板时,测取横向侧滑量的最大值。

3. 注意事项

(1)超过侧滑台允许轴荷的汽车,不得驶上侧滑台。

(2)汽车通过试验台时,不允许使用制动器,不得转动方向,不得急加(减)速或停车。

(3)禁止汽车在滑动板上停留及起步。

(4)不使用侧滑台时,一定要锁止滑动板,以防止受外界因素(人或汽车等)引起的经常晃动而损坏测量零件。

第三节　四轮定位的检测

一　国家标准对汽车车轮定位的要求

GB 7258—2012《机动车运行安全技术条件》和GB 18565—2001《营运车辆综合性能要求和检验方法》都规定:汽车(三轮汽车除外)的车轮定位应符合该车有关技术条件,车轮定位值应在产品使用说明书中标明。

二　车轮定位仪的结构及原理

1. 四轮定位仪的分类

根据传感器的形式不同,四轮定位仪可分为拉线式、激光式、红外线式、3D 影像式等形式。

根据信号的传输方式不同,又可分为有线传输和无线传输。有线传输数据的测量部分与数据处理部分是通过电缆或光缆连接的。无线传输数据的测量部分与数据处理部分又分有红外线传输、激光传输、电磁传输和蓝牙传输等。

2. 四轮定位仪的构造

红外线激光式四轮定位仪由传感器总成、控制柜、举升机、传感器安装支架、转向盘锁定支架、制动踏板锁定杆和信号电缆等组成,如图 8-5 所示。

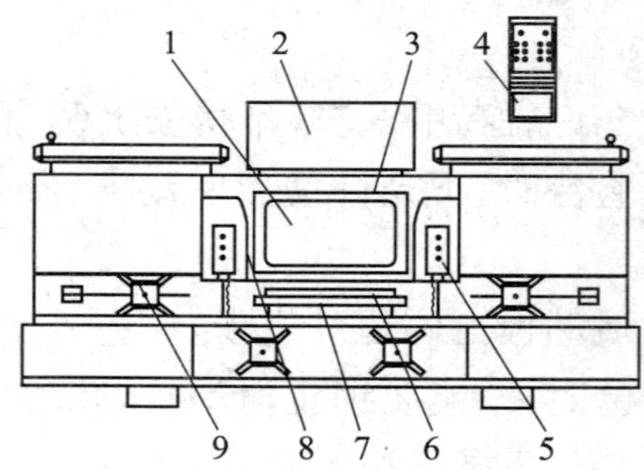

图 8-5　四轮定位仪的构造

1-红外线控制器;2-主机柜;3-上车镜;4-显示器;5-传感器;6-计算机;7-键盘;8-打印机;9-控制柜

(1)传感器是四轮定位仪的核心部分,每台仪器一般有四个传感器总成。分别为左前传感器、左后传感器、右前传感器、右后传感器,不可互换。每个传感器总成上都有两对红外线激光发射与接收装置、两个相互垂直放置的角度传感器及相关镜片等。

激光发射器由若干个 LED 发光二极管(或光敏晶体管)等距离密集排列,构成红外线发射器,如图 8-6 所示。工作时,发射出很窄的平面光束,以便于接收器的高度发生变化时,仍能使接收器获取信号。

接收器是由等距排列的 LED 发光二极管或光敏晶体管构成。

3°镜片的作用是将一束发射信号经一特殊的 3°镜片转化成间隔 10°或 20°的三束激光束。

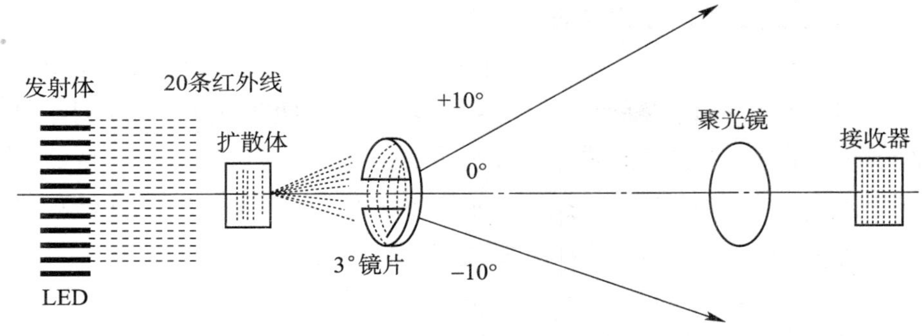

图 8-6　红外线发射、接收示意图

角度传感器一般有光电式、电感式、电阻式等。基本原理是：利用重锤摆动，测出车轮在各位置上相对于车轮平面或车轮轴线的倾角，通过传感器输出相应电信号，再由计算机运算处理后显示各倾角的参数。

(2) 控制柜由计算机、显示器、打印机、安放柜等组成。主要作用是用户的一个控制操作平台。由计算机控制检测程序，采集、处理检测信号，最后由打印机打出检测报告。

(3) 举升机由举升平台、转角盘、放松板和液压控制柜及二次举升装置等组成。主要作用是将被检测车辆升至适宜操作的高度。举升平台上还配有二次举升机构，其作用是可以将车辆举升至脱离平台，便于车轮转动实现轮辋补偿和拆卸车轮。

(4) 传感器安装支架是用来固定传感器总成，传感器安装支架配有多种与车轮轮辋相接的爪头，以适应各种不同的车轮轮辋。

(5) 转向盘锁定支架，在检测后的前车轮调整中，必须锁定转向盘，以防止车轮左右摆动。

(6) 制动踏板锁定杆，在检测过程中转动转向轮时，为防止转向轮绕其轴线转动，必须用制动踏板锁定杆抵住制动踏板，使车轮抱死不能转动。

(7) 信号电缆用于传感器与计算机信号采集板的连接和信号传送。

3. 四轮定位仪的检测原理

汽车四轮定位的目的是使汽车的四个车轮在行驶中都能垂直于地面并向着同一个方向滚动。四轮定位检测就是通过装在被检测车辆四个轮子上的四只精密传感器总成,分别发射出激光线束,在车身四周构成一个矩形形状的红外线辐射体,如图 8-7 所示。当车轮带动传感器总成改变角度后,使激光束辐射体发生变化,变化的信号被输入计算机系统进行处理,最终各个车轮的定位参数被计算出来并显示在屏幕上,同时,该检测系统还监视着各个车轮的其他状态。

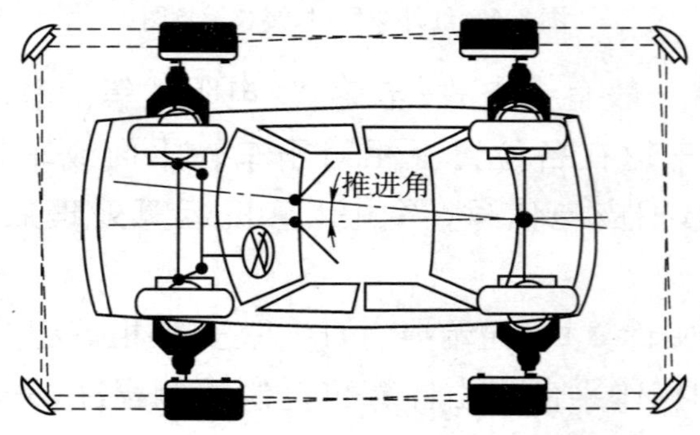

图 8-7 激光束形成的矩形

可见,在进行车辆四轮定位检测时,必须将车辆置于由红外线激光束构成的长方形封闭框内,如果是 6 对激光传感器,则构成一个后部开口的“门”形框。对拉线式或屏幕投影式四轮定位仪,在检测时,这个长方形框体分别由拉线或光线构成。

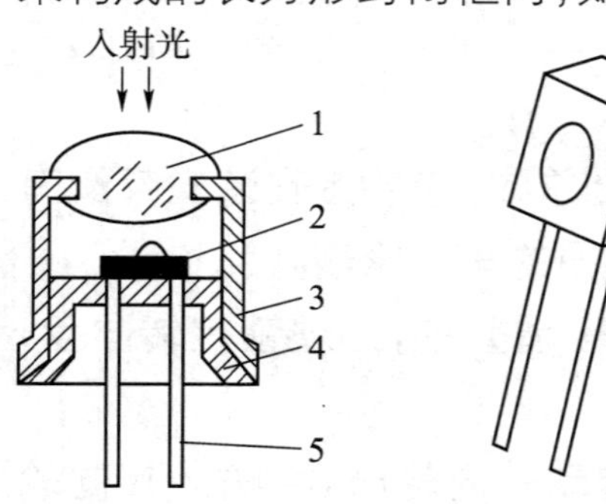

图 8-8 光电变换器件

1-玻璃透镜;2-管芯;3-管壳;4-陶瓷管座;5-引线

下面就红外线光敏二极和光敏晶体管式的传感器,来说明车轮前束角、推进角和前展角等的测量原理。光敏晶体管为近红外线接收管,是一种光电变换器件,如图 8-8 所示。其工作状态为,在不加电压时,利用 P-N 结在受光照射时产生正向电压的原理,把它作为微型光电池。在光敏晶体管后面接一些用于接收信号的元件，以便及时对光敏晶体管上所获得的信号进行分析处理。

安装在传感器上的光敏晶体管式传感器均有光线的接收和发射（或反射）功能，通过它们间的发射和接收刚好能形成类似于图8-7所示的矩形四边形。在传感器的受光平面上，等距离地将光敏晶体管排成一排，当不同位置上的光敏晶体管接收到光线照射时，该光敏晶体管就会产生电信号，经计算机处理后，就可以计算该车轮的前束角或推进角的大小。

1）前束角和车轴偏角的检测原理

在检测前束角时，必须保证车体摆正且转向盘位于中间位置。

当前束角等于零时，同一轴左、右车轮上的发射器发出的红外线光束应当重合或平行。当重合时，光敏管没有偏移量输出，所以，前束角为零；当平行时，则在光敏管上有一偏移量输出，经计算，这两束光线在水平面上投影的距离等于车轴偏角，或是车辆左右的轴距差。若相交，则有前束角。

当前束角不等于零时，同一轴左边车轮接收器上接收到的右轮发射光束信号相对零点的位移（注意正负号），即为右轮的前束角；同理，右边车轮接收器上接收到左轮发射光束信号相对零点的位移（注意正负号），即为左轮的前束角，其测量原理的简单示意图如图8-9所示。车轮向内偏时，前束角值为正；车轮向外偏时，前束角为负值。

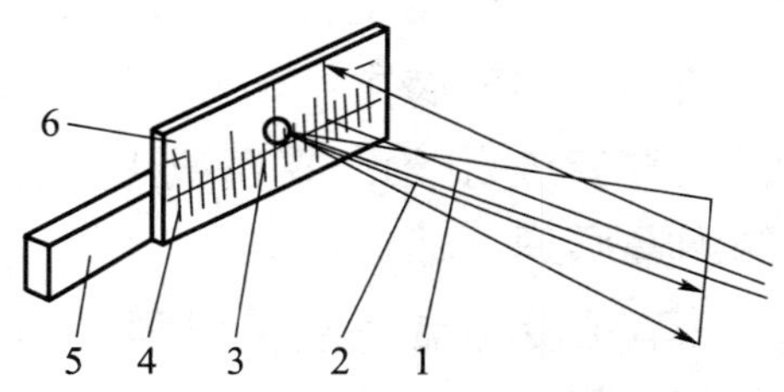

图8-9　前束角测量原理

1-刻度板；2-投射器支臂；3-光敏晶体管；4-激光管；5-投射激光束；6-接收激光束

2)推进角与前展角的测量原理

假设当推进角等于零时,则同一侧前后车轮上传感器发射的激光束应相对重合。当不重合时,前轮传感器中接收信号相对零点的位移即为该侧后轮的推进角,其测量原理示意图如图8-10所示。总的推进角等于左、右后轮推进角的算术平均值。

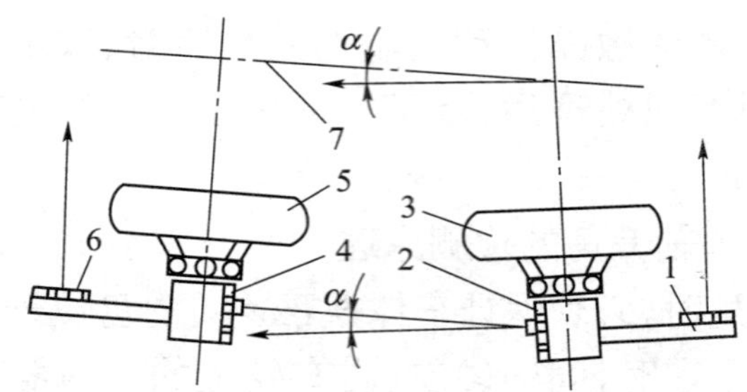

图8-10 推进角测量原理

1~4-光线接收器;5-前轮;6-后轮;7-汽车纵向轴线;α-推进角

依据上述检测原理,通过安装在后轮上的传感器,可以同时测出后轮前束角的大小和方向,以及车辆前后轴的平行度(即推进角的大小和方向)。

前展角的测量:转向轮置于车辆直行的中间位置,向左(右)转动转向轮时,同一侧后轮上的接收器会接收到前轮激光束的位移量,当内轮转到20°转向角时,计算机同时读取另一侧(外轮)车轮的转向角,则20°减外轮的转向角,即为转向桥左转20°时的前展角。一般汽车在出厂时都已给出前展角的合格范围。将测量值与厂家规定的技术数据进行比较,如果超出规定值或左右转向前展角不一致,则说明该车的转向梯形臂和各连杆已发生了变形,需要进行校正、调整或更换梯形臂和各连杆等。

3)车轮外倾角的测量原理

车轮外倾角可以在车轮传感器上直接测读。这是因为当车轮外倾 α 角度时,其车轮的轴线也同时倾斜 α 角度,这时,装在传感器总成内平行于车轮轴线的角度传感器,在重锤的作用下偏移了 α 角度,所以,通过电信号的输出,可以直接显示出来。

4）主销后倾角的测量原理

主销后倾角不能直接测出，只能采用建立在空间几何关系上的间接测量。利用传感器中平行于车轮轴线的角度传感器，在转向轮绕转向节主销转动时，测量其轴线与转向轮上的水平线在空间的变化角度，然后推导、计算出该轮的主销后倾角。

以左前轮为例，假设只有主销后倾角 γ。当我们把车轮向右（向左）转动 δ 角度时，车轮的轴线在过其轴线的平面向上（向下）转过了一个 λ_1（λ_2）角度，如图 8-11 所示。这个 λ 角度可以通过装在传感器总成内平行于车轮轴线的角度传感器上测得。再经过空间坐标上的变换，最后可以计算出主销后倾角 γ 与测量角 λ 的关系式为：

$$\gamma = \Delta\lambda / (2\sin\delta) \tag{8-1}$$

式中：$\Delta\lambda$ ——$\lambda_2 - \lambda_1$；

δ ——测量时转向轮转过的角度；

γ ——主销后倾角。

当转向轮的测量转角为 20°时：

$$\gamma = 1.461\Delta\lambda \tag{8-2}$$

用 1.461 倍的关系标定仪器，就可以通过测量 λ_2、λ_1 值，直接读取主销后倾角 γ。

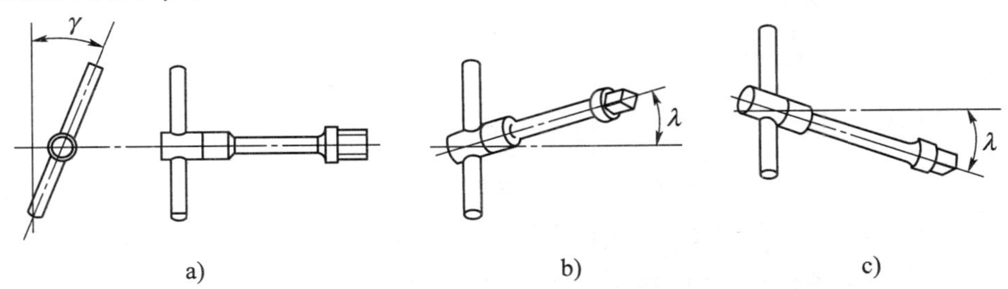

图 8-11 主销后倾角的测量原理

a）直行时，扳手接杆水平；b）向里转向时，扳手接杆向上偏转；c）向外转向时，扳手接杆向下偏转

5）主销内倾角的测量原理

同样，主销内倾角也不能直接测出。而是通过安装在车轮轴线端且

水平平行于车轮平面的角度传感器，在转向轮绕转向节主销转动时，测量其平行于车轮平面的直线在空间的变化角度，然后推导、计算出该轮的主销内倾角来。

仍以左前轮为例，假设只有主销内倾角 β 。当把车轮向右（向左）转动 δ 角度时，车轮上过轴线端的水平线向前下方（后向下）转过了一个 ω_1（ω_2）角度，如图8-12所示。这个 ω 角度可以通过装在传感器总成内过车轮轴线端且平行于车轮平面的角度传感器上测得。再经过空间坐标上的变换，最后可以计算出主销内倾角 β 与测量角 ω 的关系式为：

$$\beta = \Delta\omega / (2\sin\delta) \tag{8-3}$$

式中：$\Delta\omega$ ——$\omega_2 - \omega_1$；

δ ——测量时转向轮转过的角度；

β ——主销内倾角。

当转向轮的测量转角为20°时：

$$\beta = 1.461\Delta\omega \tag{8-4}$$

同理，用1.461倍的关系标定仪器，就可以通过测量 ω_2、ω_1 值，直接读取主销内倾角 β 。

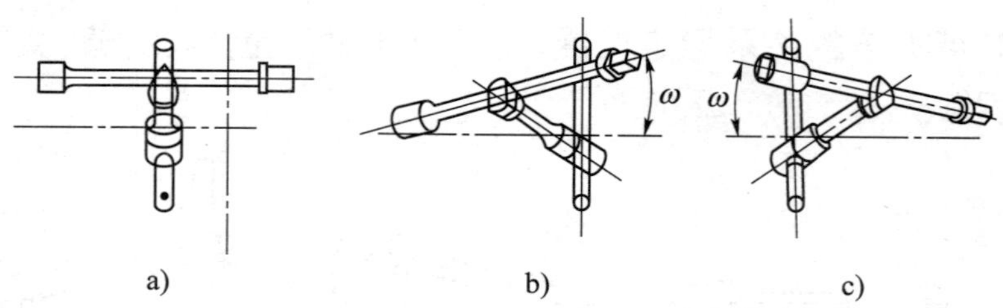

图8-12 主销内倾角的测量原理

a)直行时，长接杆水平；b)向左转时，长接杆逆时针偏转；c)向右转时，长接杆顺时针偏转

在测量主销后倾角和主销内倾角的过程中，要注意上述提及的 λ_1、ω_1 是车轮向右转动20°时传感器所测得的实际角度值；λ_2、ω_2 是车轮向左转动20°时传感器所测得的实际角度值。在实际测量中，即使用普通量角仪测量到 λ、ω 的值，只要按照上述公式换算即可。但是也有的四轮定位仪规定，在检测时车轮的转角是10°或15°，那么，在引用上述公

式时就必须有修正系数。目前，常见的四轮定位仪在出厂前就已用上述两式对仪器进行了标定，因此，即可直接测读出主销倾角的实际值。

虽然四轮定位仪的类型有所不同，但它们测量主销倾角的原理都是相同的，所不同的仅仅是各自采用的角度传感器。

三 车轮定位值的检测方法

1. 开机预热

打开电源开关，预热到仪器规定的时间。进入仪器的检测程序，检查屏幕显示是否正常。

2. 车辆准备

(1) 检查车身、车架有无明显变形。

(2) 测量车身、车架对称高度尺寸。

(3) 检查轮胎有无异常磨损。

(4) 做好资料记录。

3. 将车辆开上举升台

(1) 将车辆缓慢开上举升台，转向轮停在转角盘中心，后轮停放在放松板上。

(2) 用气压表检查轮胎气压，保持轮胎气压正常。

(3) 测量车身左右高度，进一步核查车辆有无碰擦、撞击的痕迹。

(4) 装上传感器总成，装好防止传感器滑落的橡胶缠绕带，插上信号电缆。

4. 选择车型、车辆规定的定位参数

进入检测程序。根据车辆的厂牌、车型和年份(VIN)，在计算机的车规索引目录中，选出该车辆原厂规定的四轮定位技术参数。如果没有，可查找使用说明书或相关技术资料，然后，通过计算机输入该型车的有关四轮定位技术数据，并存盘保存。

5. 举起车身

(1) 用二次举升机构举起车身，依次对各车轮做车轮轮辋偏差的补偿。

(2)取下转角盘,放松板上的锁销,落下车身。

6. 调整传感器及车身状态

(1)用力按压车身,然后迅速放开,使车身和车轮处于完全自由状态。

(2)调整传感器的水平位置,并锁紧定位螺钉。

(3)踩下制动踏板,使车轮制动,并锁住制动踏板的抵杆。

7. 车轮定位检测

(1)根据计算机屏幕提示,依次向左(右)转动转向盘至仪器规定的角度(10°或20°)。

(2)转向盘回正后,计算机屏幕显示各车轮的检测参数值(一次完成)。

(3)根据需要,可以打印检测结果。

8. 调整车轮定位参数

若检测结果不符合规定,需要调整时,应先锁死转向盘,再进行调整。调整时,各车轮的定位参数值的变化在屏幕上能显示出来。直至调整到该车型规定的技术要求范围之内。

9. 打印检测报告

检测、调试完毕,可以根据需要打印检测报告。

10. 操作注意事项

(1)车辆检测前,询问车辆使用情况一定要详细,当车辆定位参数偏差很大时,不能检测。

(2)车辆开上举升台后,为防止车辆滚动,一定要掩上后轮。

(3)安装传感器时,要避免碰撞,保险带要缠绕可靠。

(4)转动转向轮时,车轮制动要锁止可靠。

(5)调整车辆定位参数时,要事先锁住转向盘。

(6)冬季和梅雨季节,要采取适当的措施,保持仪器的环境温度和湿度。

(7)操作中应注意安全,车辆上下举升台要有专人指挥;检测和调整车辆时,举升台的升降高度应适合人体操作的高度。

第九章 汽车悬架特性检测

汽车悬架装置是汽车行驶系统的一个重要组成体，它不仅直接影响汽车的平顺性和舒适性，而且对汽车行驶的安全性、操纵稳定性、通过性及燃料经济性等诸多性能都有影响。因此，汽车悬架装置各部件的品质和匹配后的性能，对汽车行驶性能有着重要的影响。

悬架装置是将车身与车轴连接在一起的弹性部件，它由弹性元件、导向装置和减振器三部分组成。其主要功能是：缓和由路面不平引起的振动和冲击，以保证汽车具有良好的平顺性；迅速衰减车身和车桥的振动；传递作用在车轮和车身之间的各种力和力矩；保证汽车行驶时必要的安全性和操纵稳定性。

在悬架系统中，起主要作用的部件是减振器，最容易发生故障的元件也是减振器。减振器内部的轴磨损，内部阀片损坏，各密封处漏油；减振器外部的紧固螺栓磨损，松动，脱落；减振用螺旋弹簧弹性降低，疲劳或折断，造成早期损坏；悬架系统各连接部件磨损，松动等，会造成汽车在行驶中方向发飘，特别是曲线行驶难以控制；制动时容易跑偏和侧滑；影响乘坐舒适性；加重车轮轴承、轴头、轴头螺母、转向拉杆、稳定杆等部件的过载现象。定期检测悬架装置的技术特性，对保证汽车的操纵稳定性、行驶安全性和乘坐舒适性是十分重要的。

GB 18565—2001 规定，根据我国的实际情况，目前，只对于最大设计车速大于或等于 100km/h、轴载质量小于或等于 1500kg 的载客汽车提出悬架特性要求。

在用汽车悬架装置的检测，主要是检测减振器的性能，因为减振器在与之相连的弹性元件构成的悬架系统中起着重要作用，在评价减振器性能的同时，也就是对悬架装置的性能做出了综合评价。

近几年,随着检测技术的不断发展,相继出现用了悬架检测台和平板式检测台来检测悬架特性,悬架检测台根据其结构形式又可分为跌落式和谐振式两类。而尤其以谐振式悬架检测台的检测方法应用比较广泛。

第一节　谐振式悬架装置检测台的悬架特性检测

一 谐振式悬架装置检测台的评价指标

1. 谐振式悬架装置检测台的评价指标

由汽车理论可知,汽车悬架装置的弹性元件或减振器损坏后,会使悬架装置的角刚度减少,增加了高频非悬架质量的振动位移,使车轮和道路的接触状态变坏。车轮作用在地面的接地力减少,大振幅的车轮振动甚至会使车轮跳离地面,不仅影响汽车行驶的平顺性,也会使汽车的操纵稳定性恶化,使汽车的行驶安全性变坏。

车轮与道路的接触状态可以用车轮对地面的作用力来表征,把这个作用力称为接地力。但在实际路面上时,汽车的各个车轮与地面的作用状况是不一样的。这是因为各车轮悬架装置的性能不一样,或承受负荷不一样,或轮胎气压不一样,或路面冲击不一样等原因造成的。如果在检测台上,人为使各车轮的轮胎气压、承受的负荷和台面冲击做到一致,那么,车轮与地面的作用状态就主要决定于悬架装置的工作性能。因此,用测量汽车在检测台上车轮与台面接地力的大小和变化,来评价汽车悬架装置的品质和性能,是完全可行的。

目前,出现的谐振式悬架装置检测台都是利用检测车轮与道路接地力的原理,来快速评价汽车悬架性能的。其评价指标为"吸收率",即:

$$P=\frac{F_{动}}{F_{静}}\times 100\% \tag{9-1}$$

式中：$F_{动}$——最小动态接地力，N；

$F_{静}$——静态接地力，N；

P——吸收率，%。

吸收率是指在悬架装置检测台上，受检车辆的车轮在受外界激励振动过程中，产生共振时的车轮最小垂直载荷与静止状态下车轮垂直载荷的百分比值。

欧洲减振器制造商协会（EUSAMA）推荐的评价车轮接地性能（吸收率%）的参考指标见表9-1，共分为6级。

车轮接地性能（吸收率%）的参考指标（EUSAMA推荐）　　表9-1

车轮接地性指数(%)	车轮接地状态	车轮接地性指数(%)	车轮接地状态
60～100	优	20～30	差
45～60	良	1～20	很差
30～45	一般	0	车轮与路面脱离

注：表中的车轮接地性指数是在悬架装置检测台台面振幅为6mm测得的。这也是大部分悬架装置检测台使用的激振振幅。

表9-1中的参考指标适用于大多数汽车，但非常轻的小轿车和微型车除外。这是因为这一类汽车其中一个轴（一般为后轴）的两个车轮接地性指数非常低，而它们的悬架装置是正常的。

为了防止因同轴左右悬架吸收率的差异过大而引起操纵稳定性和制动稳定性恶化，进而造成交通事故，必须控制同轴左右轮吸收率之差在一定的范围之内。

2. 悬架吸收率的评价要求

国家标准GB 18565—2001《营运车辆综合性能要求和检验方法》中规定：用悬架装置检测台检测时受检车辆的车轮在受外界激励振动下测得的吸收率（被测汽车共振时的最小动态车轮垂直载荷与静态车轮垂直载荷的百分比值）应不小于40%，同轴左右轮吸收率之差不得大于15%。

这种评价方法不仅考虑了悬架装置对汽车平顺性的影响，更主要的是着重考虑了对汽车操纵稳定性和行驶安全性的影响。它考察的是汽车在最差工作条件的情况下,即地面激振使悬架达到共振时,车轮与地面的接触状态。这是一个比较直观的评价指标,既能快速检测,又能综合评价汽车悬架装置的弹簧与减振器的匹配性能及品质。当然,随着汽车检测技术的发展,这种方法还会不断地修改和完善。

二 谐振式检测台结构原理

1. 谐振式悬架装置检测台结构

这种检测台目前使用得较多,它主要由计算机控制、信号处理系统和机械台架两大部分组成,其中机械部分由机架和左右两套相同的振动系统构成,如图 9-1 所示。

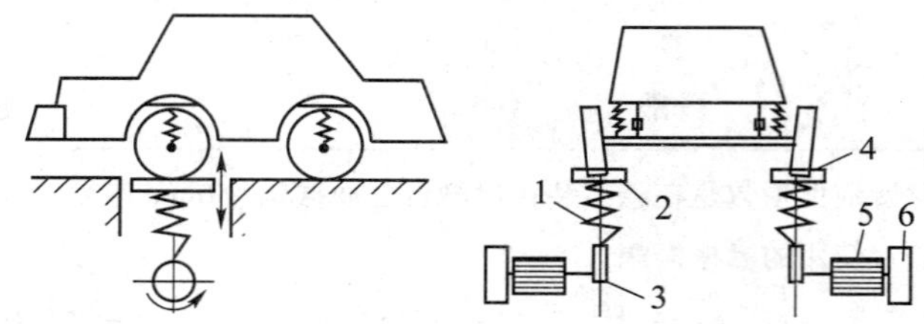

图 9-1　谐振式悬架试验台

1-激振弹簧;2-台面;3-凸轮;4-测量装置;5-电动机;6-蓄能飞轮

检测台谐振系统的结构原理,如图 9-2 所示。图中所示为检测台单轮支撑结构。每套振动系统由上摆臂、中摆臂、下摆臂、台面、弹簧、驱动电动机、飞轮和传感器构成。

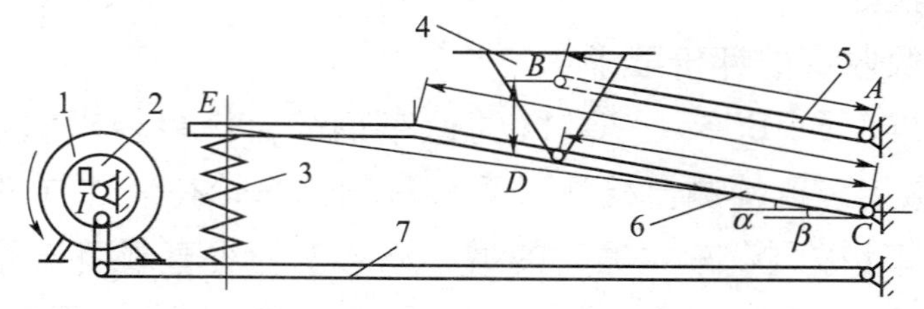

图 9-2　谐振式悬架装置试验台的结构

1-驱动电动机;2-偏心惯性机构;3-激振弹簧;4-支撑台面;5-上摆臂;6-中摆臂;7-下摆臂

目前，谐振式检测台传感器常采用的有两种形式：一种是测力式传感器，测量振动衰减过程中力的变化；另一种是测位移量式传感器，测量振动衰减过程中台面上下位移量的变化。测力式和测位移式悬架装置检测台结构简图如图9-3所示。由于这两种谐振式悬架装置检测台的传感器工作性能都很稳定，数据重复性较好，因此，应用十分广泛。

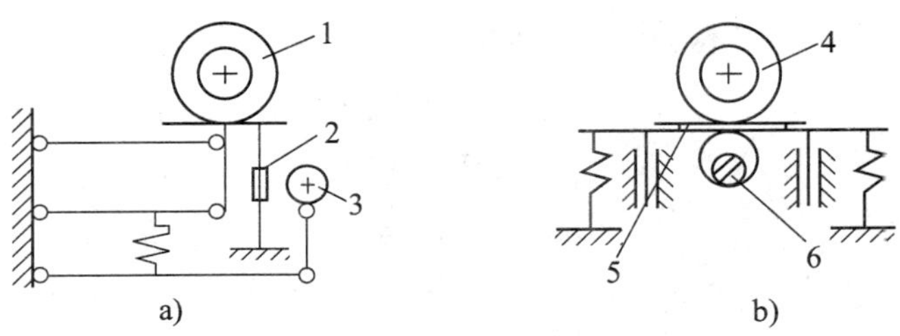

图9-3　测力式和测位移式悬架装置试验台结构简图

a)测位移式悬架检测装置；b)测力式悬架检测装置

1-车轮；2-位移传感器；3-偏心轮；4-车轮；5-力传感器；6-偏心轴

计算机检测程序控制、信号采集处理部分主要由计算机、传感器、A/D多功能卡、电磁继电器、电源及控制软件等组成。控制软件不仅实现对检测台动作程序的控制，同时也对检测过程的信号采集、数据计算和结果评价进行控制。

2. 谐振式悬架装置检测台测试原理

检测时将汽车驶上支撑台面，启动测试程序，首先由一侧的电动机带动偏心机构使整个车—台面系统振动，激振数秒后，带动停在该侧台面上的汽车悬架装置产生振动，待激振系统的振动稳定后，系统电源自动关闭。此后，旋转着的惯性飞轮所储存的能量开始释放，带动车轮悬架系统继续振动。由于电动机旋转产生的激振频率比车轮悬架系统的固有频率高得多，因此，在飞轮振动能量逐渐衰减到零的扫频振动过程中，总可以扫描到汽车悬架装置的固有频率处，从而使台面—汽车悬架系统产生共振。通过检测台的测量传感器,将此振动过程的振动频率和振动幅度或振动压力信号传输给计算机,经计算机处理后,给出汽车悬架装置的性能评价。用同样的方式启动检测台另一侧的电动机进行激振,得出另一侧车轮的检测结果,最终评价出该车悬架装置性能的好坏,并打印出检测报告和振动曲线。

3. 跌落式悬架装置检测台

跌落式悬架装置检测台的结构如图9-4所示。在测试开始时,先通过举升装置将汽车升起一定高度,然后突然松开支撑机构,车辆下落后自由振动,这时可用测量装置测量车体振幅,或者用压力传感器测量车轮对台面的冲击压力,对压力波进行分析,以此评价汽车悬架装置的性能。目前,这种结构的悬架装置检测台应用得已比较少。

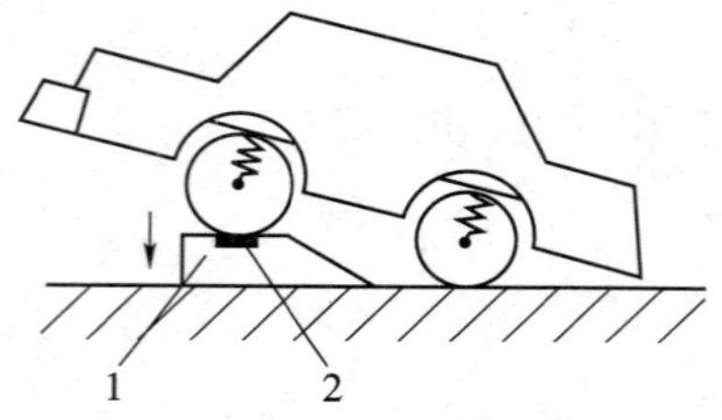

图9-4 跌落式悬架试验台

1-垫块;2-测量装置

二 谐振式悬架装置检测台检验方法

(1)轮胎规格、气压应符合规定值,车辆空载,不乘人(无驾驶人)。

(2)将车辆每轴的车轮依次驶上检测台的台面,使轮胎位于台面的中央位置。

(3)启动检测程序,激振器工作,带动汽车悬架产生振动,使振动频率上升超过系统的共振频率。

(4)当振动频率超过共振点后,关闭激振源电源,系统振动频率自然衰减(降低),并通过系统共振点。

(5)记录衰减振动的过程数据及曲线变化,设纵坐标为车轮动态载荷变化值,横坐标为时间。计算并显示车轮动态载荷与静态载荷的百分比,计算同轴左右轮百分比的差值。

(6)打印检测报告及车轮振动衰减曲线图。

第二节　平板式检测台的悬架性能检测

一 平板式检测台的评价指标

1. 平板式检测台的评价指标

图 9-5 所示的曲线，是平板式检测台在显示悬架性能测试结果时给出的前后车轮处的载荷随时间变化的曲线，反映了车辆制动时引起的车身振动被悬架系统逐渐衰减的过程。

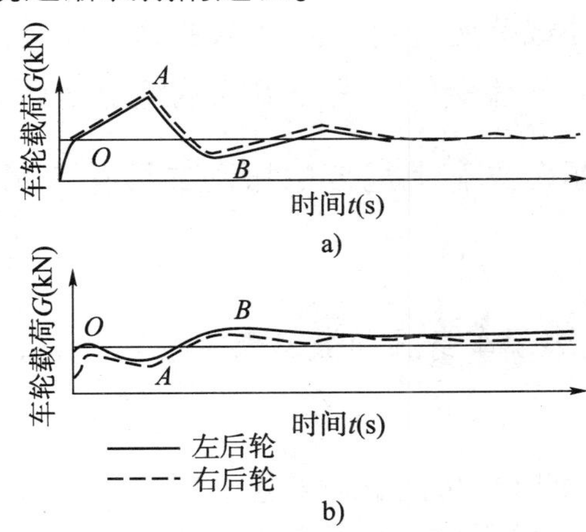

图 9-5　车轮处的载荷随时间变化的曲线

从图 9-5a) 中可以看出：前轮处的动态载荷先从静态载荷值附近（*O* 点）上升到最大值（*A* 点），再从最大值下降到最小值（*B* 点）。显然，图 9-5a) 所反映的是制动时前部车身先加速向下，再加速回升向上的“制动点头”现象。图 9-5b) 反映了后部车身的振动，它与图 9-5a) 反相位。因此，图 9-5 反映了车辆制动时引起的前后车身纵向俯仰振动的现象。由于车辆的悬架系统能够衰减、吸收车身的振动，所以，车身的振动经过一段时间后就会消失，故图 9-5 中曲线的后段部分逐渐平直并接近 *O* 点的高度（车轮处于静态载荷值）。

平板式检测台的测试采样过程:利用车辆制动→引起车身振动→测量车轮动态载荷的变化→悬架吸收、衰减振动→得出悬架效率。在对其过程的数据进行分析、计算、处理时,引出悬架效率这一评价参数。悬架效率的定义为:

$$\eta = 1 - \left| \frac{G_B - G_O}{G_A - G_O} \right| \tag{9-2}$$

式中:η——悬架效率;

G_O——各车轮处静态载荷值,kg;

G_A——车轮处载荷变化曲线上 A 点的绝对坐标值,kg;

G_B——车轮处载荷变化曲线上 B 点的绝对坐标值,kg。

$\left| \frac{G_B - G_O}{G_A - G_O} \right|$表示车身有阻尼自由振动的振幅在第一半周期内的减小程度。

$1 - \left| \frac{G_B - G_O}{G_A - G_O} \right|$表示车身振动被悬架阻尼衰减、吸收的程度,即反映了悬架的减振能力。

从上面公式中可以分析出,G_B值越小,则$|(G_B - G_O)/(G_A - G_O)|$值就越小,表示该轮悬架装置的吸振性能越好;同样,$1 - |(G_B - G_O)/(G_A - G_O)|$值就越大,表示其悬架效率就越好。

平板式检测台检测汽车悬架效率时,测试过程接近于路试,可以真实地反映车辆悬架的减振性能。而且试验数据全部由计算机自动处理,操作方便,试验瞬间即可得出测试结果。因此,该检测台适合于车辆检测和维修单位使用。

2. 悬架效率的评价要求

国家标准 GB 18565—2001《营运车辆综合性能要求和检验方法》中规定:用平板式检测台检测时,受检车辆制动时测得的悬架效率应不小于45%,同轴左右之差不得大于20%。

二 平板式检测台结构原理

平板式检测台是近年来研制出的一种集制动力、轮重、侧滑、悬架效率等检测功能于一体的汽车检测设备。根据设备的配置不同，可以一次完成轮(轴)荷称量、车轮最大制动力、左右轮制动力平衡、制动协调时间、车轮阻滞力、前后制动力分配比、整车制动减速度、车轮横向侧滑量、悬架效率等多种项目的检测。平板式汽车检测设备的最大特点是汽车在运动过程中测试，能够比较真实地反映汽车在道路上行驶时的实际性能。平板式汽车检测设备的检测方法简便，检测时间迅速，且具有耗电少、安装方便、费用低等优点。目前，这种平板式检测台正越来越多地被汽车检验机构采用。

1. 平板式检测台结构

平板式检测台主要由机架、制动平板、轴荷传感器、制动传感器、力臂、信号处理盒和计算机、检测控制系统软件、控制柜等组成。

用于小型车辆检测的平板式检测台一般有四块制动平板，用于重型车辆检测的检测台有的只有两块平板，每块平板在检测时承担一个车轮的质量。在每块平板的下面，有起支撑作用的轴重传感器，前端装有制动力传感器和力臂，还有一个信号采集、前置处理的处理器。

控制柜用来放置计算机、显示器和打印机等操作件。检测控制软件是用来引导车辆检测，采集信号数据。计算评价结果，并打印出检测报告和振动衰减曲线等。

2. 平板式检测台检测原理

平板式检测台检测悬架性能时，测试过程接近于道路试验。检测时，车辆以5～10km/h的速度驶上平板，当四个车轮都驶在平板上时，驾驶人进行紧急制动，迅速将制动踏板踩到底，使车轮都停止在平板面上。此时，前后车轮处的载荷情况将发生变化，主要是由于制动时前后车轮之间的载荷发生转移及车身通过悬架在车轮上的振动而引起的。车身在加速向下时，车轮处载荷增加；车身加速向上时，车轮处载荷减少。

二 平板式检测台检验方法

(1)平板式检测台的平板表面应保持干燥,不能有松散物质或油污。

(2)驾驶人将车辆对正平板台,以5~10km/h的速度驶上平板,变速器置于空挡,急踩制动踏板,使车辆停止在平板上。

(3)连续测量并记录车辆制动时的车轮动态轮荷的变化。

(4)计算并显示悬架效率和同轴左右悬架效率之差值。

(5)打印检测报告及车轮振动衰减曲线图。

第十章　汽车车速表检测

第一节　车速表的评价指标及检测原理

一　车速表的评价指标

为了保证汽车行驶的安全性，提高汽车运输生产率，充分发挥汽车的动力性，正确掌握行车速度，是非常重要的。另外，在一些路况不好的路段，或在市区内，往往要限制车速，严禁超速行驶。所以在驾驶汽车时合理地运用、准确地掌握行车速度，对行车安全与高效运用车辆有着重要意义。因此，对车速表进行定期检查校验，是十分必要的。

国家标准 GB 7258—2012《机动车运行安全技术条件》规定，车速表指示误差的检验宜在滚筒式车速表检验台上进行。对于无法在车速表检验台上检验车速表指示误差的机动车可以路试检验车速表指示误差。

规定车速表指示车速 v_1 与实际车速 v_2 之间应符合下列关系式（最高设计车速不大于 40km/h 的机动车除外）：

$$0 \leqslant v_1 - v_2 \leqslant \frac{v_2}{10} + 4 \qquad (10\text{-}1)$$

即将被测机动车的车轮驶上车速表检验台的滚筒上使之旋转，当该机动车车速表指示值（v_1）为 40km/h 时，车速表检验台速度指示仪表的指示值（v_2）在 32.8 ~40km/h 范围内，为合格。或车速表检验台速度指示仪表的指示值（v_2）为 40km/h 时，读取该机动车车速表指示值（v_1）v_1 在 40 ~48km/h 范围内为合格。

二 车速表误差的形成原因

1. 车速表类型

车速里程表按信号传递形式分为机械式与电子式两类。

机械式车速里程表依靠机械形式传递信号,缺点是指针偏转不稳定,摆动范围大;因此,机械式车速里程表逐渐消失,而由电子式车速里程表取而代之。

电子式车速里程表依靠电子形式传递信号。由车速(转速)传感器、导电元件、车速里程表表头等组成,显示方式可分为表盘式显示(指针式)、发光管区段显示和数字显示。其中,前两种方式与机械式车速表可以笼统地称为模拟显示式车速表,后一种方式可称为数字显示式车速表。电子式车速里程表消除了机械式车速里程表的缺点,指针摆动范围小,在量程范围内的指针线性度好,指示误差小,通用性及互换性好,里程表误差小,同时,由于其可以与汽车其他电子设备共同作用,所以,在现代车辆上得到了广泛应用。

2. 车速表误差形成的原因

汽车车速表的误差往往会随着汽车使用时间的延长而逐渐增大。造成车速表失准的原因,主要有两个方面:一方面是车速表自身的问题;另一方面与轮胎的状况有关。

当汽车长期使用后,车速表内带指针的活动转盘、带永久磁铁的转轴及轴承、齿轮、游丝等机械零件和磁性元件、里程表软轴、车速传感器等部件。随着汽车行驶里程的增加,这些零件在工作过程中不可避免地要产生磨损,永磁元件可能退磁老化,这些因素都会造成车速表指示值误差增大。

由于轮胎是一个充气的弹性体,汽车行驶时,轮胎在受到垂直负荷、车轮驱动力和地面阻力等作用下,会发生弹性变形;另外,由于轮胎磨损、气压不符合标准(过高或过低)等原因,也会引起车轮半径的变化。因此,即使在驱动轮转速不变(车速表的指示值也不变)的情况下,上述原因也会引起实际车速与车速表指示值不一致的现象。

第二节　车速表检验台的结构原理

一　车速表试验台的类型

车速表试验台，按有无驱动装置可分为标准型与电动机驱动型两种。

标准型试验台无需驱动装置，它靠被测汽车驱动车轮带动滚筒旋转；电动机驱动型试验台由电动机驱动滚筒旋转，再由滚筒带动车轮旋转。此外，还有把车速表试验台与制动试验台或底盘测功机组合在一起的综合式试验台。目前，检测站使用最多的是标准型滚筒式车速表检验台。

二　车速表试验台的结构

1. 标准型车速表试验台

该试验台由速度测量装置、速度指示装置和速度报警装置等组成，结构如图 10-1 所示。

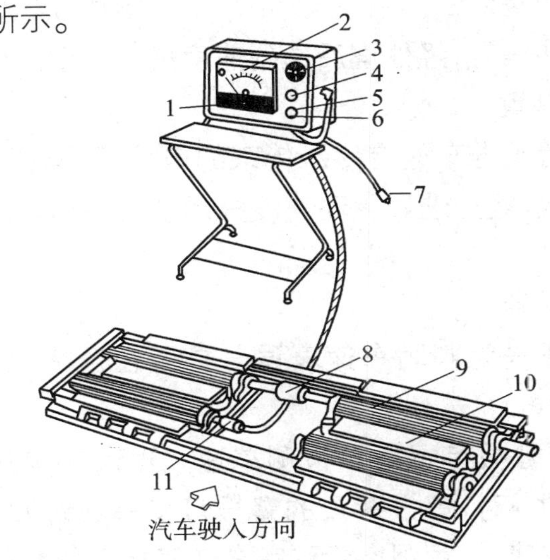

图 10-1　标准型车速表试验台

1-零点调整螺钉；2-速度指示仪表；3-蜂鸣器；4-报警灯；5-电源灯；6-电源开关；7-电源插头；8-联轴器；9-滚筒；10-举升器；11-车速传感器

1)速度测量装置

速度测量装置由滚筒、车速传感器和举升器等组成。

滚筒分两组共四个,通过滚动轴承安装在底座框架上,用于支撑汽车的驱动轮。试验时为防止汽车差速器齿轮滑转,试验台的两前滚筒由联轴器连在一起。滚筒多为钢制,表面有防滑材料,直径为175~370mm,为了标定时换算方便直径多为176.8mm,这样滚筒转速为1200r/min,正好对应滚筒表面的线速度为40km/h。

为使汽车进出试验台方便,在前后滚筒之间设有举升器。举升器多用气压驱动,也有液压驱动或电动机驱动的。测试时,举升器处于下方,以便滚筒支撑车轮;测试前,举升器处于上方,以便汽车驶上检验台;测试后,靠气压(或液压、电动机)升起举升器,顶起车轮,以便汽车驶离检验台。举升器与滚筒制动装置联动,举升器升起时,滚筒被制动而不能转动。

车速传感器有测速发电机式、光电式、磁电式和霍尔式等多种形式,现在多用光电式或霍尔式。装在滚筒的一端,测出滚筒转速信号,转化成电压信号或脉冲信号,经处理后送到速度指示装置。

2)速度指示装置

速度指示装置根据车速传感器传来的电信号(电压或脉冲数)与滚筒外圆周长等参数,经处理后驱动速度指示仪表指示,以“km/h”为单位表示车速。

3)速度报警装置

速度报警装置是为判明车速表误差是否在合格范围内而设置的。一般有三种类型:

(1)用试验台警报装置指示检测车速。当汽车实际车速达到某一规定值(如40km/h)时,警报装置的警报灯发亮或蜂鸣器发响,提示驾驶人已达到检测车速,注意观察驾驶室车速表指示值是否在合格范围内(合格范围为40~48km/h)。

(2)将检验台指示仪表上某一合格范围涂成绿色(如车速表指示值

为 40km/h 时，绿色区域应为 32.8 ~40km/h）。试验时，车速表指示值达到某一检测车速（40km/h）时，同时观察检验台速度指示仪表的指示值是否在合格的绿色区域（32.8 ~40km/h）内。

（3）同时具备上述两种装置的报警装置，检测时可根据需要选择其中的一种。

检测中的 40km/h 仅是一个示范值，并不意味着所有机动车在进行车速表指示误差检验时都必须按 40km/h 执行。

2. 电动机驱动型车速表试验台

多数汽车的车速表转速信号，取自变速器或分动器的输出轴，但对于后置发动机的汽车，由于驱动车速表的软轴过长，会出现传动精度和寿命等方面的问题，所以，转速信号取自前轮（从动轮）。对这种车辆只能采用电动机驱动型车速表试验台，驱动型车速表检验台就是为了适应后置发动机汽车的试验而制造的。

电动机驱动型车速表试验台结构（图 10-2）基本上与标准型车速表检验台相同，不同的是本身带驱动装置。测试时，由电动机驱动滚筒转动，滚筒带动从动轮旋转，从动轮经软轴带动车速表工作。通过比较车速表的示值与滚筒的实际线速度之差，检测车速表误差。这种试验台往往在滚筒与电动机之间装有离合器，若试验时将离合器分离，又可作为标准型试验台使用。

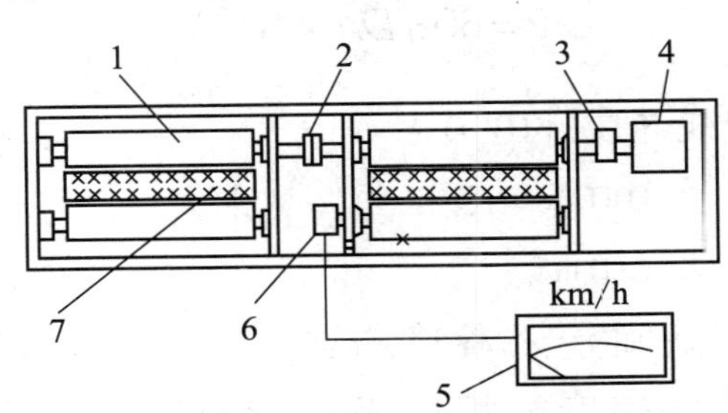

图 10-2　电动机驱动型车速表试验台

1-滚筒；2 联轴器；3-离合器；4-电动机；5-速度指示仪表；6-车速传感器；7-举升器

二 滚筒式车速表试验台的测试原理

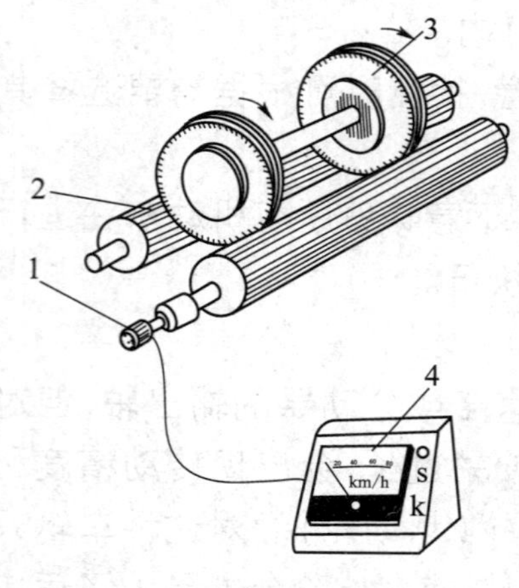

图10-3 汽车车速表误差的测量原理
1-速度传感器;2-滚筒;3-被测车轮;4-速度指示仪表

汽车车速表误差的测量原理如图10-3所示。试验时汽车驱动轮置于滚筒上,由发动机经传动系驱动车轮旋转,车轮借助于摩擦力带动滚筒旋转。旋转的滚筒相当于移动的路面。以驱动轮在滚筒上旋转来模拟汽车在路面上行驶时的实际状态。通过滚筒带动车速传感器。车速传感器所发出的电压或脉冲频率随滚筒转速升高而增加,而滚筒的转速与车速成正比,因此车速传感器的信号与车速成正比。通过滚筒直径和车速传感器测出的滚筒转速就可通过式(10-2)计算出滚筒的线速度。根据汽车速度指示仪表指示值与试验台速度指示仪表指示值对比,测出其误差值。

已知车速表试验台滚筒直径是D,车速传感器测出的滚筒转速是n,车速表试验台滚筒线速度可用下式求出:

$$v=60\pi Dn\times10^{-6} \tag{10-2}$$

式中:v——滚筒的线速度,km/h;

D——滚筒直径,mm;

n——滚筒转速,r/min。

因为车轮与滚筒间是无滑移的纯滚动,所以车轮与滚筒的线速度是一样的。滚筒线速度就相当于车辆的实际车速,这一速度可以通过试验台的速度指示仪表指示出来。如果检测过程中发现汽车车速表与试验台速度指示仪表的示值不相等,说明汽车车速表有误差。

第三节　车速表的检测方法

车速表试验台的牌号、形式不同，其检测方法也不尽相同。因此，在使用车速表试验台检测车速表前一定要认真阅读《使用说明书》，并按其规定正确操作。通用的检测方法如下。

一　检测前的准备

1. 车速表试验台的准备

(1)在滚筒静止状态检查指示仪表是否在零点。若指针不在零点，可用零点调整旋钮予以调整。

(2)检查滚筒上是否粘有油、水、泥等杂物。若有应予以清除。

(3)检查举升器动作是否自如和有无漏气(或漏油)部位。若动作阻滞或有漏气(或漏油)部位，应予修理。

(4)检查导线的接触情况。若有接触不良或断路，应予修理或更换。

2. 被检测车辆的准备

(1)轮胎气压应符合汽车制造厂的规定。

(2)清除轮胎上粘有的水、油、泥和嵌入轮胎花纹沟槽内的石子等杂物。

(3)检验时，为防止被检车辆向前窜动，前驱动车宜使用驻车制动，后驱动车可在非驱动轮前部加止动块。

二　检测方法

1. 标准型车速表试验台

(1)接通试验台的电源。

(2)打开压缩空气阀，升起前、后滚筒间的举升器托板。

(3)将汽车驶入试验台，使驱动轮尽可能与滚筒成垂直状态地停放在试验台举升器托板上。

(4)关闭压缩空气阀,降下前、后滚筒间举升器的托板,直到轮胎与举升器的托板完全脱离接触。此时位于试验台上的轮胎由前、后滚筒支撑。

(5)为使汽车在检测时不致从试验台上滑出,用车偃抵住前轴车轮的前方。

(6)起动发动机,变速器由低挡逐级换入最高挡,缓慢地踩下加速踏板,使汽车驱动轮平衡地加速运转。

(7)当汽车车速表的指示值达到规定的检测速度值时,读取试验台速度指示仪表的读数;或当试验台速度指示仪表的读数达到测量车速时,读取汽车车速表的读数。

(8)检验结束后,检验员应缓慢制动使滚筒停转,待滚筒锁止或举升器升起后,再将车辆驶出检验台,切不可猛踩制动踏板。

(9)打开压缩空气阀,升起举升器,移去车轮前的车偃,将被测汽车驶离试验台。

(10)关闭压缩空气阀,使举升器下降,切断试验台的电源。

2. 电动机驱动型车速表试验台

(1)接通试验台电源,打开压缩空气阀,升起前、后滚筒间的举升器托板。

(2)将汽车驶入试验台,并使被检车轮与滚筒成垂直状态地停放在试验台举升器托板上。

(3)关闭压缩空气阀,降下前、后滚筒间的举升器托板,使轮胎与举升器托板完全脱离接触。

(4)用车偃抵住车轮的前方。

(5)接合试验台离合器,使滚筒与电动机连在一起。

(6)将汽车的变速器换入空挡,接通试验台电动机的电源,让电动机驱动滚筒带动汽车输出车速信号的车轮旋转。

(7)当驾驶室内车速表的指示值达到测量车速时,读取试验台速度指示仪表的读数;或当试验台速度指示仪表的读数达到测量车速时,读取驾驶室内车速表的读数。

(8)检测完毕,必须先切断电动机的电源,然后再踩制动踏板。

(9)打开压缩空气阀,升起举升器,移去车轮前的车偃,将被测汽车驶离试验台。

(10)关闭压缩空气阀,使举升器下降,切断试验台电源。

第十一章 照明和信号装置及其他电气设备检验

前照灯是汽车在夜间或在能见度较低的条件下，为驾驶人提供行车道路照明的重要设备，必须有足够的发光强度和正确的照射方向。由于在行车过程中，汽车受到振动，可能引起前照灯部件的安装位置发生变动，从而，改变光束的正确照射方向。同时，灯泡在使用过程中会逐步老化，反射镜也会受到污染，而使其聚光的性能变差，导致前照灯的亮度不足。因此，前照灯的发光强度和光束的照射位置被列为机动车运行安全检测的必检项目，前照灯发光强度和照射位置必须符合国家标准的有关规定。可用屏幕法和前照灯检验仪检测。

第一节 照明和信号装置的评价指标

一 前照灯的评价指标

汽车前照灯由灯泡、反光镜和配光镜构成，有远、近两种灯光。前照灯在汽车上的安装数量一般有二灯制和四灯制。前照灯的评价指标有发光强度、光束照射位置的偏移值。

1. 发光强度

(1)发光强度。它是表示光源发光强度的物理量，计量单位是坎德拉(cd)。它的定义是：一个光源发出频率为 540×10^{12}Hz 的单色辐射，若在一定方向上的辐射强度为 1/683W 每球面度，则此光源在该方向上的发光强度为 1cd。

(2)照度。照度表明受光物体被光源照明的程度，其单位为勒克

斯，用符号 lx 表示。

(3) 发光强度和照度的关系。在不计光源大小的情况下（看做是点光源），照度与离开光源距离的平方成反比（倒数二次方法则），即照度 = 发光强度/离开光源距离的平方。

从而可得，距离发光强度为 20000cd 光源 1m 的地方，照度为 20000lx；离开 2m 的地方，照度为 20000/4 =5000lx。

2. 光束照射位置的偏移值

如果把前照灯最亮的地方看做是光束的中心，则它对水平、垂直坐标轴交点的偏离，即表示它的照射方位的偏移，其偏移的尺寸就是光束照射位置的偏移值，亦称光轴的偏斜量。

二 前照灯的配光特性

前照灯的特性可分为配光、全光束和照射方向等。用等照度曲线表示的明亮度分布特征称为配光特性，亦称光形分布特性。前照灯的配光特性有对称配光和非对称配光两种。国际上有多种配光特性标准，美国采用的是 SAE 配光方式，欧洲采用的是 ECE 配光方式，我国采用了类似于 ECE 前照灯配光性能标准的我国自己的配光标准。

用等照度曲线表示的明亮度分布特征称为配光特性，亦称光形分布特性。典型的前照灯远光配光特性是一个水平方向宽，垂直方向窄，上下、左右对称分布的亮斑，越靠近亮斑中心，其照度越大，并以中心点为中心，形成图 11-1a）所示的发光强度等照度曲线。这是对称式配光特性，我国汽车前照灯远光灯采用的是这种配光形式。

还有一种非对称式配光，即光形分布有一条明显的明暗截止线（灯光投射到配光屏幕上，眼睛感觉到的明暗陡变的分界线）。非对称式配光有两种：一种是配光屏幕上，明暗截止线的水平部分在 *V-V* 线的左半边，右半边为与水平线向上成 15°的斜线[图 11-2a）]，另一种是明暗截止线右半边为与水平线向上成 45°斜线至垂直距 250mm 转向水平的折线，由于明暗截止线呈 Z 形，亦称 Z 形配光[图 11-2b）]。我国前照灯的近光灯已采用这种配光形式。典型的前照灯近光灯配光特性有明显的明暗截止线,在明暗截止线的左上方有一个比较暗的暗区,在明暗截止线的右下方有一个比较亮的亮区;其发光强度最强的区域在明暗截止线的右下方,在发光强度最强的区域中心点,照度最大,并以这中心点为中心,形成一定的等照度曲线。

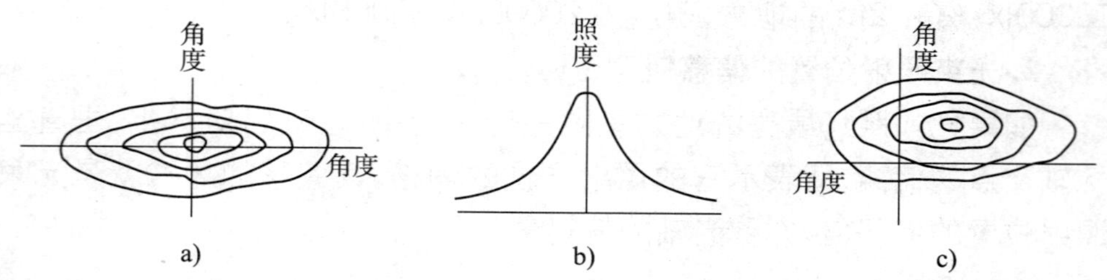

图 11-1 等照度曲线

a)配光;b)全光束;c)照射方向

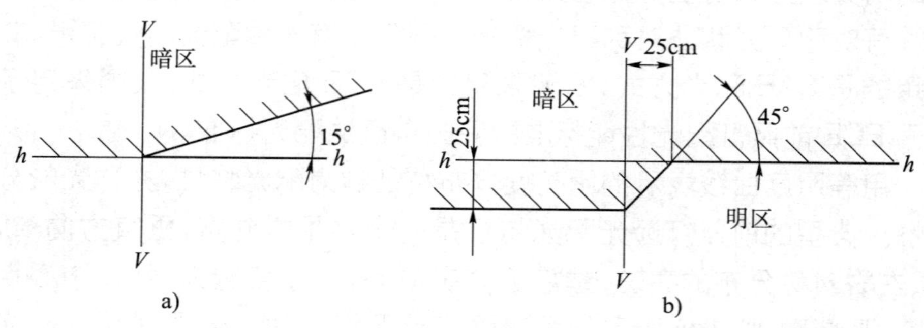

图 11-2 非对称配光示意图

a)$V-V$汽车纵向中心平面在屏幕上的投影线;b)$h-h$汽车前照灯基准中心高度水平线

由于近光的非对称性,无法使用原有的方法对近光进行检测,通常利用图像分析的办法来获取拐点的位置。国外有部分的产品根据标准的近光发光强度分布要求,在测试位置排布一些特定分布的光电池以获得拐点的位置,由于国内部分前照灯不能完全满足国标要求,这种利用光电池的检测方法使用得不多。

二 照明和信号装置及其他电气设备的一般要求

1. 基本要求

机动车的灯具应安装牢固、完好、有效，不允许因机动车振动而松脱、损坏、失去作用或改变光照方向；所有灯光的开关应安装牢固、开关自如，不允许因机动车振动而自行开启或关闭。开关的位置应便于驾驶人操纵。除转向信号灯、危险警告信号及消防车、救护车、工程救险车和警车安装使用的标志灯具外，其他外部灯具不允许闪烁。

2. 照明和信号装置的数量、位置、光色和最小几何可见度

(1) 汽车(三轮汽车和装用单缸柴油机的低速货车除外)及挂车的外部照明和信号装置的数量、位置、光色、最小几何可见度应符合 GB 4785《汽车及挂车外部照明和信号装置的安装规定》的规定。

(2) 机动车必须装置后反射器。挂车及车长大于 6m 的机动车应安装侧反射器和侧标志灯。反射器应与机动车牢固连接，且应能保证夜间在其正后方 150m 处用汽车前照灯照射时，在照射位置就能确认其反射光。

(3) 空载高大于 3.00m 或宽度大于 2.10m 的机动车，均应安装示廓灯。

(4) 总质量不小于 12000kg 的货车和总质量大于 3500kg 的挂车，应在后部设置车身反光标识，后部的车身反光标识应能体现机动车后部宽度。车长不小于 10m 的货车和总质量大于 3500kg 的挂车，都应在侧面设置车身反光标识，车身反光标识的长度不应小于车长的 50%。

(5) 车身反光标识的粘贴技术规范及车身反光标识材料应符合 GA 406《车身反光标识》的规定。

(6) 牵引杆挂车应在挂车前部的左右各装一只前白后红的标志灯，其高度应比牵引杆挂车的前栏板高出 300 ~400mm，距车厢外侧应小于 150mm。

(7) 附加的灯具、反射器或附属装置不允许影响本标准规定安装的灯具和信号装置的性能且不应对其他的道路使用者造成不利影响。

3. 照明和信号装置的一般要求

(1)机动车(手扶拖拉机运输机组除外)的前位灯、后位灯、示廓灯(若安装)、侧标志灯(若安装)、挂车标志灯(若安装)、牌照灯和仪表灯应能同时启闭,当前照灯关闭和发动机熄火时,仍应能点亮。汽车和挂车的电路连接应保证前位灯、后位灯、示廓灯(若安装)、侧标志灯(若安装)和牌照灯只能同时打开或关闭,但当前位灯、后位灯、侧标志灯作为驻车灯使用(复合或混合)时,则上述情况不适用。

(2)机动车的前、后转向信号灯、危险警告信号及制动灯,白天在距其100m处应能观察到其工作状况,侧转向信号灯白天在距30m处应能观察到其工作状况;前位灯、后位灯、示廓灯、挂车标志灯,夜间好天气时在距其300m处应能观察到其工作状况;后牌照灯夜间好天气时在距其20m处应能看清牌照号码。制动灯的发光强度应明显大于后位灯。

(3)对称设置、功能相同的灯具的光色和亮度不应有明显差异。

(4)机动车照明和信号装置的任一条线路出现故障,不允许干扰其他线路灯具的正常工作。

(5)驾驶区的仪表板应采用不反光的面板或护板,车内照明装置及其在风窗玻璃、视镜、仪表板等处的反射光线不应使驾驶人炫目。

(6)仪表板上应设置仪表灯。仪表灯点亮时,应能照清仪表板上所有的仪表且不应炫目。

(7)汽车仪表板上应设置与行驶方向相适应的转向指示信号和蓝色远光指示信号。

(8)汽车和轮式拖拉机运输机组均应具有危险警告信号装置,其操纵装置不应受灯光总开关的控制。对于牵引挂车的汽车,危险警告信号控制开关也应能打开挂车上的所有转向信号灯,即使在发动机不工作的情况下,仍应能发出危险警告信号。危险警告信号和转向信号灯的闪光频率应为1.5Hz ±0.5Hz,起动时间不应大于1.5s。

(9)客车应设置车厢灯和门灯。车长大于6m的客车,应至少有两条车厢照明电路，仅用于进出口处的照明电路可作为其中之一。当一条电路失效时，另一条仍应能正常工作，以保证车内照明。车厢灯和门灯不应影响驾驶人的视线和其他机动车的正常行驶。

4. 前照灯

国家标准 GB 7258—2012《机动车运行安全技术条件》中，对前照灯的发光强度及光束照射位置有如下规定。

(1) 在正常使用条件下，机动车前照灯光束照射位置应保持稳定。

(2) 装有前照灯的机动车应有远光、近光变换装置，并且当远光变为近光时，所有远光应能同时熄灭。同一辆机动车上的前照灯不允许左、右的远光灯、近光灯交叉开亮。

(3) 所有前照灯的近光都不允许炫目。

(4) 汽车（三轮汽车除外）、摩托车及轻便摩托车装用的前照灯应分别符合 GB 4599《汽车前照灯配光性能》、GB 5948《摩托车白炽丝光源前照灯配光性能》及 GB 19152《轻便摩托车前照灯配光性能》的规定。

5. 光束照射位置

根据 GB 7258—2012《机动车运行安全技术条件》的规定，汽车前照灯的检验指标为光束照射位置的偏移值和发光强度（cd）。前照灯光束照射位置应符合以下要求：

(1) 机动车在检验前照灯的近光束照射位置时，车辆空载，允许乘一名驾驶人，轮胎气压应符合汽车制造厂的规定。前照灯在距离屏幕 10m 处，如图 11-3 所示，光束明暗截止线转角或中点的高度乘用车应为 $0.7H \sim 0.9H$（H 为前照灯基准中心高度），其他机动车 H_z 应为 $0.6H \sim 0.8H$，其水平方向位置向左偏 $V_{左}$ 不允许超过 170mm 和向右偏 $V_{右}$ 均不允许超过 350mm。

(2) 四灯制前照灯其远光单光束灯在屏幕上的调整，要求光束中心离地面高度对乘用车应为 $0.9H \sim 1.0H$，其他机动车应为 $0.8H \sim 0.95H$。水平位置要求左灯向左偏 $V_{左}$ 不得大于 100mm；向右偏 $V_{右}$ 不得大于 170mm。右灯向左偏 $V_{左}$ 或向右偏 $V_{右}$ 均不得大于 350mm。

(3)机动车装有远光和近光双光束灯时以调整近光光束为主。对于只能调整远光光束的灯,调整远光单光束。

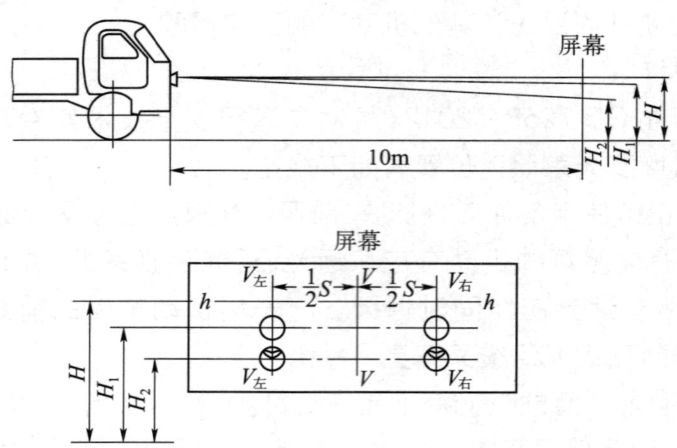

图 11-3 前照灯的光束照射位置

6. 发光强度

GB 7258—2012《机动车运行安全技术条件》规定,机动车每只前照灯的远光光束发光强度应达到表 11-1 的要求。测试时,其电源系统应处于充电状态。

前照灯远光光束发光强度最小值要求(单位:cd) 表 11-1

机动车类型	检查项目					
	新注册车			在用车		
	一灯制	二灯制	四灯制	一灯制	二灯制	四灯制
最高设计车速小于 70km/h 的汽车	—	10000	8000	—	8000	6000
其他汽车	—	18000	15000	—	15000	12000

四灯制是指前照灯具有四个远光光束;采用四灯制的机动车其中两只对称的灯达到二灯制的要求时视为合格。

第二节　前照灯检验仪的结构原理

一　前照灯检验仪的检测原理

根据 GB 7258—2012 规定，机动车装有远光和近光双光束灯时以调整近光光束为主，传统的前照灯远光检验仪不能满足要求。目前采用的多是前照灯远近光仪，其常用的测量方法有以下五种。

(1)采用 CCD 和光电池相结合的方法。利用光电池进行远光测量，利用 CCD 进行近光测量。

(2)采用全 CCD 测量，用 CCD 替代光电池进行远光的定位、角度和发光强度测量。

(3)利用 CCD 的成像高分辨率，进行远光和近光的角度测量，利用具有大动态范围的光电池进行远光发光强度的测量。

(4)采用全光电池的方法。测量近光时用光电池进行扫描，以得到平面图像进行近光分析。

(5)采用手工进行仪器的定位。用目视的方法进行偏角的观察，同时利用光电池进行发光强度的测量。

目前，国内先进的前照灯检验仪采用双 CCD 检测技术，用 DSP(DSP 芯片，也称数字信号处理器，是一种具有特殊结构的微处理器，可以快速地实现各种数字信号和图像的处理)对图像进行高速、精确的处理。

1. 测量时的瞄准方式

空间角度的测量必须要获得两个点的位置，在光束偏角的测量中也不例外。在进行仪器测量之前，首先必须找到前照灯的位置或第一个光束参考点的位置。根据这两种指导思想，衍变出两种不同的测量方法。

(1)直接对准前照灯的中心。这种测量方法是先利用摄像头找到点亮前照灯的位置，然后拍摄成像后的光斑图像，分析其中的光轴位置

(远光或近光),得到和零点相比的偏差,从而根据标定的数据得到实际的角度偏差值。瞄准前照灯方式的测量原理如图11-4所示。

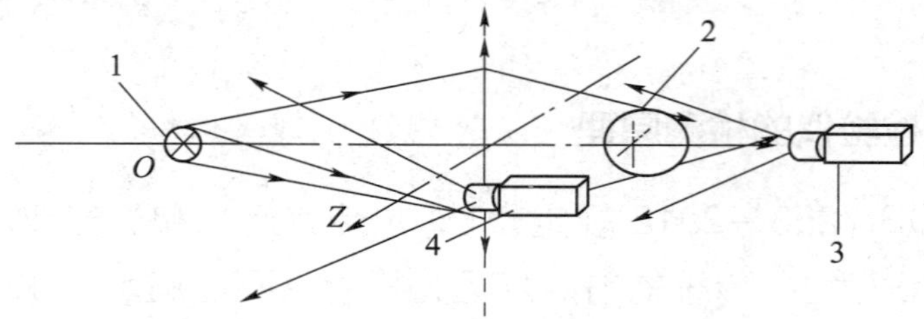

图11-4 瞄准前照灯方式的测量原理

1-前照灯;2-近光图像成像面;3-摄像头2;4-摄像头1

(2)瞄准前照灯发射的光束中心。通过分析在两个成像面上光束轴线的位置偏差,以获得光轴的空间位置差异,可以计算得到光轴的偏角。在实际应用中,利用CCD拍摄得到图像,或利用光电池扫描的方式得到图像。瞄准光束方式的测量原理如图11-5所示。

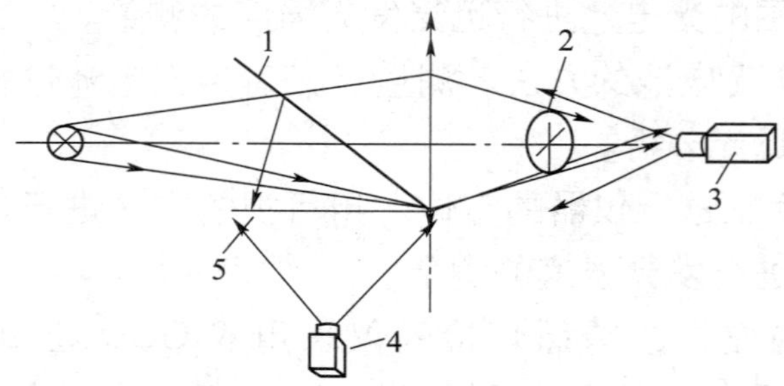

图11-5 瞄准光束方式的测量原理

1-半反射屏;2-近光图像成像面;3-摄像头2;4-摄像头1;5-成像屏

2. 光电池工作原理

光电池是一种光电元件,前照灯检验仪上用的主要是硒光电池。硒光电池受光照后,光使金属膜和非结晶硒的上下部产生电动势,由于光电池的上部带负电,下部带正电,因此,在金属膜和铁底板上装上引出线后,再把它们用导线连接起来,光电流就可使电流表指针作相应的偏转。这样通过光与电转换,从指针偏转的大小就可以判断出前照灯的发光强度和光轴的方向。

3. 发光强度的检测原理

图 11-6 中的发光强度检测电路由光度计、光电池和可变电阻构成，当前照灯在规定距离处照射光电池时，光电池产生与受光强弱成正比的电流，使光度计的指针偏转，经标定后，其指针偏转的大小便可反映前照灯的发光强度。

CCD 摄像器拍摄照在测量屏幕上的光斑，不同发光强度的点在 CCD 图像上的灰度是不一样的，发光强度越大的点，其在图像上的灰度越小，光斑越白；发光强度越小的点在图像上的灰度越大，光斑越暗；用计算机和图像处理技术对整个光斑进行量化分析处理，算出发光强度，由于 CCD 本身的设计原理和生产工艺的限制，其器件的动态范围较小，因而，在发光强度测量上，光电池要优于 CCD。

4. 光轴偏斜量的检验原理

如图 11-7 所示，光轴检测电路中有 4 块光电池，在 $S_{上}$ 和 $S_{下}$ 之间，接有上下偏斜指示计，在 $S_{左}$ 和 $S_{右}$ 之间，接有左右偏斜指示计。打开前照灯，4 块光电池各自产生电流，根据 $S_{上}$ 和 $S_{下}$、$S_{左}$ 和 $S_{右}$ 的电流的差值，使上下偏斜指示计和左右偏斜指示计动作。

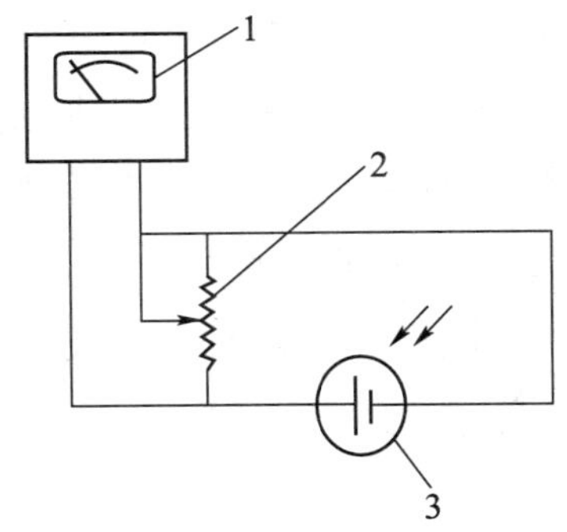

图 11-6　发光强度的检测原理

1-光度计；2-可变电阻；3-光电池

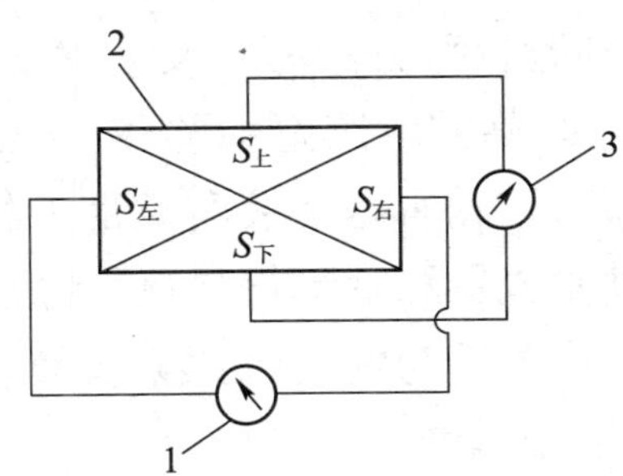

图 11-7　光轴偏斜量的检验原理

1-左右偏斜指示计；2-光电池；3-上下偏斜指示计

如果光电池属于无偏斜受光情况，则上下偏斜指示计和左右偏斜指示计的指针均垂直向下，处于零位。如果光轴偏离了中心位置，则偏斜指示计的指针偏离零位，其偏移量反映了光轴偏斜量。通过适当的调节机构,调整光线照射光电池的光照位置,可使偏斜指示计的指针指向零位,那么,此调节量也就反映了光轴的偏斜量。

与传统的利用对称光电池进行远光角度测量的方法相比,CCD 法将光束经自动追踪光轴后,利用聚焦透镜聚焦在测量屏幕上,再通过 CCD 摄像器拍摄照在测量屏幕上的光斑,在屏幕上不同位置的点,在 CCD 图像的成像点位置也不同,利用计算机和图像处理技术对整个光斑进行量化分析处理,算出光学中心。利用这个特性可对汽车前照灯的发光强度和远近光的照射方向进行测量。

二 前照灯检验仪的类型与构造

前照灯检验仪是由接受前照灯光束的受光器、使受光器与汽车前照灯对正的校准装置、前照灯发光强度指示装置、光轴偏斜方向和偏斜量指示装置以及支柱、底板、导轨、汽车摆正找准装置等组成。根据其测量距离和测量方法,前照灯检验仪可分为以下几种:

(1)聚光式前照灯检验仪。它是在 1m 的测量距离内,用受光器的聚光透镜把前照灯的散射光束聚合起来,根据其对光电池的照射强度,来检验前照灯的发光强度和光轴偏斜量。根据检测的方法不同,聚光式前照灯检验仪可分为移动反射镜式、移动光电池式、移动透镜式等形式。

(2)屏幕式前照灯检验仪。在固定的屏幕上装有可以左右移动的活动屏幕,活动屏幕上装有能上下移动的内部带光电池的受光器。检验时,移动受光器和活动屏幕,使光度计的指示值最大,指示值即为发光强度值,该位置即为主光轴照射位置,从装在屏幕上的两个光轴度尺即可读得光轴偏斜量。

(3)投影式前照灯检验仪。在聚光透镜的上下和左右方向装有 4 个光电池。前照灯光束的影像通过聚光透镜、光度计的光电池和反射镜后,映射到投影屏上。在检测时,通过上下和左右移动受光器,使光轴偏斜指示计的指针指向零位,即上下与左右光电池的受光量相等,从而找到被测前照灯主光轴的方向。然后,根据投影屏上前照灯光束影像的位置，即可得出主光轴的偏斜量；同时可从光度计的指示值得出发光强度。

(4)自动追踪光轴式前照灯检验仪。自动追踪光轴式前照灯检验仪采用受光器自动追踪光轴的方法检测发光强度和光轴偏斜量，如图11-8所示。在受光器聚光透镜的上下与左右装有四个光电池，受光器内部也装有四个光电池，分别构成主、副受光器，透镜后中央部位装有中央光电池。

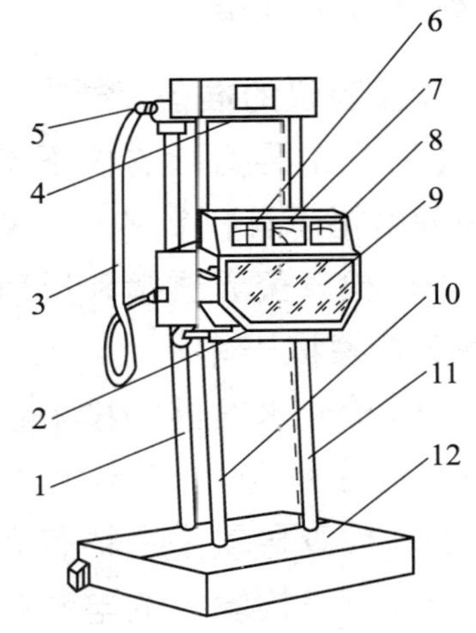

图11-8　自动追踪光轴式前照灯检验仪

1-后立柱；2-支撑座；3-连接电缆；4-上支架；5-接线盒；6-上下表；7-发光强度表；8-左右表；9-光接受箱；10-左立柱；11-右立柱；12-底箱

检测时，将检验仪放在前照灯前方3m检测距离处。当前照灯光束照射到受光器上时，若前照灯光束照射方向偏斜，则主副受光器上下或左右光电池的受光量不等，它们分别产生的电流失去平衡，由其电流的差值控制受光器上下移动的电动机或控制箱左右移动的电动机运转，并通过钢丝绳牵动受光器上下移动或驱动控制箱在轨道上左右移动，直致受光器上下、左右光电池受光量相等为止。这就是所谓的自动追踪光轴，追踪时，受光器的位移由光轴偏斜指示计指示，发光强度由光度计指示。自动追踪光轴式前照灯检验仪的检测方法较简单、方便，其检测的自动化程度和检测效率高，也便于和其他检测设备联成汽车全自动检测线。

第三节　汽车前照灯检验方法

不同形式的检测仪有不同的使用方法，因此在使用前，应仔细阅读产品的使用说明书及相关资料，掌握正确的使用方法。下面以聚光式前照灯检验仪检测为例进行说明。

一 检测前的准备

1. 检验仪的准备

(1)在前照灯检验仪不受光的情况下,调整前照灯检验仪光度计和光轴偏斜指示计指针的机械零点。

(2)检查聚光透镜和反射镜的镜面上有无污物。若有,用柔软的布或镜头纸擦拭干净。

(3)检查水准器的技术状况。若水准器无气泡,应进行修理。若气泡不在红线框内时,可用水准器调节器或垫片进行调整。

(4)检查导轨是否粘有泥土等杂物。若有,应扫除干净。

(5)打开检验仪的电源开关,预热5min,待仪器稳定后再进行测量。

2. 被测车辆的准备

(1)清除前照灯上的污垢。

(2)轮胎气压应符合汽车制造厂的规定。

(3)汽车蓄电池应处于充足电状态。

二 检验方法

(1)被检汽车驶近规定距离,且与检验仪导轨垂直。

(2)用车辆找准器使检验仪与汽车对正。

(3)打开前照灯,用前照灯找准器使检验仪与前照灯对正。

(4)将光度、光轴转换开关扳向光轴侧。

(5)转动光轴刻度盘,使光轴偏斜指示计指零,此时,光轴刻度盘上的指示值即为光轴偏斜量。

(6)光轴刻度盘不动,将光度、光轴转换开关扳向光度侧,此时,光度计的指示值即为前照灯的发光强度值。

三 汽车前照灯检验结果分析

前照灯检验不合格有两种情况:一是前照灯发光强度偏低;二是前

照灯照射位置偏斜。

1. 前照灯发光强度偏低

(1)左右前照灯发光强度均偏低。检查前照灯反光镜的光泽是否明亮,如昏暗或镀层剥落或发黑,应予更换;检查灯泡是否老化,质量是否符合要求,如老化或质量不符合要求,光度偏低者应更换;检查蓄电池端电压是否偏低,如端电压偏低,应先充足电再检测。送检汽车普遍存在蓄电池电量不足,端电压偏低的现象。如由蓄电池供电,前照灯发光强度一般很难达到标准的规定;如由发电机供电,则大部分汽车前照灯发光强度增加,多数可达到标准规定。

(2)左右前照灯发光强度不一致。检查发光强度偏低的前照灯的反射镜光泽是否灰暗,灯泡是否老化,质量是否符合要求,一般多为搭铁线路接触不良;变光开关接触不良。

(3)所有灯都不亮。蓄电池至总开关之间的正极线断路;灯总开关损坏;电源总熔断丝熔断;电子自动变光器损坏(对于电子控制前照灯);远光或近光灯的导线都断路或接触不良;前照灯搭铁不良。

(4)远光或近光不亮。变光开关或自动变光器损坏;远光或近光灯的导线有一根断路;双丝灯泡的远光或近光灯丝有一根烧断;灯光继电器损坏;传感器损坏。

(5)前照灯灯光暗淡。熔断丝松动;导线接头松动;前照灯开关或继电器触点接触不良;发动机输出电压低,用电设备漏电,负荷过大。

(6)灯泡经常烧坏。发电机输出电压过高。

2. 前照灯光束照射位置偏斜

前照灯安装位置不当或因强烈振动而错位,致使光束照射位置偏斜超标,应予以调整。前照灯光束照射位置偏斜的调整,可借助前照灯检验仪进行。先将左右及上下光轴刻度盘旋钮,置于所需要调整的方位上,然后调整被检前照灯的安装螺钉,直至左右指示表及上下指示表指针均指向零点即可。

第十二章 汽车排放污染物检验

第一节 汽车排放污染物的评价指标

一 汽车排放污染物的评价指标

（一）装配点燃式发动机的在用汽车排气污染物的评价指标

1. 一氧化碳（CO）

装配点燃式发动机的在用汽车在采用双怠速法和简易工况法对汽车排放进行检测时，排气中一氧化碳（CO）的计量单位为体积分数，而体积分数即为体积浓度。在检测时，采用体积分数“%”来表示。在采用瞬态工况法和简易瞬态工况法对汽车排放进行检测时，排气中一氧化碳（CO）的计量单位为质量单位，用“g/km”来表示。

2. 碳氢化合物（HC）

装配点燃式发动机的在用汽车，在采用双怠速法和简易工况法对汽车排放进行检测时，排气中碳氢化合物（HC）的计量单位为体积分数，体积分数即为体积浓度，在检测时采用体积分数“10^{-6}”来表示。在采用瞬态工况法和简易瞬态工况法对汽车排放进行检测时，排气中碳氢化合物（HC）的计量单位为质量单位，用“g/km”来表示。

3. 过量空气系数（λ）

装配点燃式发动机的在用汽车，在采用双怠速法对汽车排放进行检测时，要对过量空气系数（λ）进行判定，过量空气系数（λ）是指燃烧1kg燃料的实际空气量与理论上所需空气量之质量比。对于使用闭环控制电子燃油喷射系统和三元催化转换器技术的汽车，进行过量空气系数

(λ)的测定。发动机转速为高怠速时,λ 应在 1.00 ±0.03 或制造厂家规定的范围内。

4. 氮氧化物(NO_x)

装配点燃式发动机的在用汽车,在采用简易工况法对汽车排放进行检测时,排气中氮氧化物(NO_x)的计量单位为体积分数,体积分数即为体积浓度,在检测时,采用体积分数“10^{-6}”来表示。在采用瞬态工况法和简易瞬态工况法对汽车排放进行检测时,排气中氮氧化物(NO_x)的计量单位为质量单位,用“g/km”来表示。

(二)装配压燃式发动机的在用汽车的排气污染物的评价指标

(1)对于 2001 年 10 月 1 日以前生产的装配压燃式发动机的在用汽车的排气烟度,采用 GB 3847—2005《车用压燃式发动机和压燃式发动机汽车排放烟度排放限值及测量方法》规定的自由加速试验,使用滤纸式烟度计进行检测,排气烟度值采用波许(Bosch)为单位,用“Rb”表示。

(2)对于 2001 年 10 月 1 日以后生产的装配压燃式发动机的在用汽车的排气烟度,采用 GB 3847—2005 规定的自由加速试验,使用不透光烟度计进行检测,排气烟度值采用光吸收系数 K,用“m^{-1}”表示。

(3)在采用加载减速法对装配压燃式发动机在用汽车的排气烟度进行检测时,排气烟度值采用光吸收系数 K,用“m^{-1}”表示。

二 汽车排气污染物及其危害

汽车污染主要有三个排放源:一是发动机排气管的发动机燃烧废气,其汽油车的主要污染物成分是 CO、HC 和 NO_x,而柴油车除了这三种有害物外,还排放大量的颗粒物;二是曲轴箱排放物,由发动机在压缩及燃烧过程中未燃的碳氢化合物由燃烧室漏向曲轴箱再排向大气而产生,主要是碳氢化合物;三是燃料蒸发排放物,主要由发动机供油系统燃油箱的燃料蒸发而产生。在未加控制时,曲轴箱和燃料蒸发排放的碳氢化合物各占 HC 总排放量的 1/4。

在汽车排放的两种污染物 HC 和 NO_x中,HC 的排放量约为 NO_x的

2 倍,这个比例极易产生光化学的物质,只要光照及气象条件适宜,就会产生二次污染物,形成光化学烟雾。

汽车污染物对人体的影响见表 12-1。

汽车污染物对人体的影响　　表 12-1

污染物	影响
一氧化碳 CO	CO 与血红蛋白的亲和力为氧的 300 倍,形成碳氧血红蛋白,削弱血红蛋白向人体各组织输送氧的能力,神经中枢受损最大
碳氢化合物 HC	HC 中包含多种烃类化合物,进入人体后,会使人产生慢性中毒;有些化合物会直接刺激人的眼、鼻黏膜,使其功能减退;更重要的是 HC 化合物和 NO_x 在阳光照射下,会产生光化学反应,生成 O_3、醛类等对人及生物产生严重危害的光化学烟雾
氮氧化物 NO_x	NO_x(NO、NO_2)中的 NO 与血液中血红蛋白的亲和力比 CO 还强。通过呼吸道及肺进入血液,使其失去输氧能力,产生与 CO 相似的严重后果,NO_2 侵入肺脏深处的肺毛细血管,引起肺气肿,同时还能刺激眼、鼻黏膜,麻痹嗅觉
光化学物质 O_3	可达到呼吸系统的深层,刺激下气道的黏膜,引起化学变化,其作用相当于放射线,使染色体异常,使白血球老化
颗粒物 PM_{10}	除浓度外,粒子的直径及其化学性质起决定作用,5mm 以下的粒子可以进入呼吸道;3mm 以下的粒子可以沉积在肺细胞内,引起肺病变。粒子携带的三苯芬比、四苯芬比是强致癌物,可引发癌症

三 汽油车排放污染物的成因

1. 一氧化碳(CO)气体的成因

CO 气体的产生是因为混合气太浓,以致燃油不能充分燃烧造成的。废气中的 CO 浓度(体积比)一般是由空燃比决定的,而且基本上是随空燃比变化的。

2. 碳氢化合物(HC)气体的成因

不完全燃烧的汽油或未燃烧的汽油从燃烧室排出,以未净化 HC 气体形式进入大气。空燃比、汽缸压力、气门开启重叠角等因素都会影响

HC 的产生。

3. 氮氧化物（NO_x）气体的成因

NO_x形成原因是燃烧室内的高温和高压。降低燃烧速度，减少燃烧室内温度，或缩短高温持续的时间，可以减少废气中的 NO_x含量。

行车工况与废气的形成有密切关系，通常在中、低速匀速行驶、加速行驶、高速行驶、大负荷工况，NO_x浓度会升高；在暖机工况、怠速运行工况、减速行驶 CO、HC 浓度会升高。

四 柴油车排放污染物的成因

1. 一氧化碳 CO 和碳氢化合物 HC 的成因

由于柴油机混合气的平均浓度要比汽油机稀得多，平均过量空气系数也远大于 1，所以，柴油机总有足够的氧气对已形成的 CO 和 HC 进行氧化，CO 和 HC 排放量要比汽油机低得多。

柴油机 CO 主要源于喷注中过浓部分的不完全燃烧。在较低负荷、温度过低、大负荷和喷油出现二次喷射、滴油等情况下，会出现较高的 CO 排放值。

2. 氮氧化物 NO_x的成因

NO_x 生成的条件是高温，富氧和较长作用时间。由于柴油车在着火燃烧方面的原因，氮氧化物 NO_x排放所占其总排放量的比例较汽油机大。

3. 微粒和炭烟的成因

和汽油车相比，柴油车的微粒排放量要多几十倍。混合气愈浓，其中碳成分就愈多。柴油机喷射中，混合气浓度由芯部的极浓到前缘的极稀，即使在空气混合后也会由于浓稀不均而在较浓区域产生自由碳。

4. 行车工况与排气污染物的形成

冷起动时，汽缸内压缩温度很低，燃油雾化条件很差，相当部分燃油会附于燃烧室壁面，初期会以未燃 HC（白烟）的形式排出机外。由于起动工况，喷油量大，雾化程度低，炭烟、HC 及 CO 等排放量较大。

第二节　装配点燃式发动机的在用汽车的排气污染物的检验

一　装配点燃式发动机汽车污染物排放限值

GB 18285—2005《点燃式发动机汽车排气污染物排放限值及测量方法(双怠速法及简易工况法)》规定了点燃式发动机汽车怠速和高怠速工况下排气污染物的限值。

在GB 18285—2005标准中,将轻型汽车的高怠速转速规定为(2500±100)r/min,重型汽车的高怠速转速规定为(1800±100)r/min;如有特殊规定的,按照制造厂技术文件中规定的高怠速转速。

1. 在用汽车污染物排放限值

装配点燃式发动机的在用汽车,排气污染物排放限值见表12-2。

在用汽车排气污染物排放限值(体积分数)　　　表12-2

车　　型	类　　别			
	怠速		高怠速	
	CO(%)	HC($\times10^{-6}$)	CO(%)	HC($\times10^{-6}$)
1995年7月1日前生产的轻型汽车	4.5	1200	3.0	900
1995年7月1日起生产的轻型汽车	4.5	900	3.0	900
2000年7月1日起生产的第一类轻型汽车	0.8	150	0.3	100
2000年10月1日起生产的第二类轻型汽车	1.0	200	0.5	150
1995年7月1日前生产的重型汽车	5.0	2000	3.5	1200
1995年7月1日起生产的重型汽车	4.5	1200	3.0	900
2004年9月1日起生产的重型汽车	1.5	250	0.7	200

注:对于2001年5月31日以前生产的5座以下(含5座)的微型面包车,执行1995年7月1日起生产的轻型汽车的排放限值。

在用汽车排气污染物排放限值规定中，轻型汽车指最大总质量不超过3500kg的M1类、M2类和N1类车辆，重型汽车是指最大总质量超过3500kg的车辆。第一类轻型汽车是设计乘员数不超过6人（包括驾驶人），且最大总质量小于或等于2500kg的M1类车；第二类轻型汽车是除第一类轻型汽车以外的其他所有轻型汽车。

2. 过量空气系数（λ）的要求

过量空气系数（λ）是指燃烧1kg燃料的实际空气量与理论上所需空气量之质量比。对于使用闭环控制电子燃油喷射系统和三元催化转换器技术的汽车，进行过量空气系数（λ）的测定。发动机转速为高怠速时，λ应在1.00±0.03或在制造厂家规定的范围内。进行λ测试前，应按照汽车制造厂使用说明书的规定预热发动机。

3. 点燃式发动机在用汽车的排放监控

从2005年7月1日起，点燃式发动机在用汽车的排放监控，采用GB 18285—2005标准规定的双怠速法排气污染物排放限值测量方法；对于同一车型的在用汽车实施排放监控，环保定期检测时，不得采用两种或两种以上的排气污染物排放检测方式。

采用简易工况法的地区，由省级人民政府制定排气污染物排放限值，报国务院环境保护行政主管部门备案后实施。也可以参考HJ/T 240—2005《确定点燃式发动机在用汽车简易工况法排气污染物排放限值的原则和方法》中参考排放限值执行。该标准的实施日期为2006年1月1日。

1）稳态工况法排放限值

对于2000年7月1日以前生产的第一类轻型汽车和2001年10月1日以前生产的第二类轻型汽车，参考的稳态工况法排放限值见表12-3。

对于2000年7月1日起生产的第一类轻型汽车和2001年10月1日起生产的第二类轻型汽车，参考的稳态工况法排放限值见表12-4。

稳态工况法排气污染物排放限值Ⅰ(参考)　　　表12-3

<table>
<tr><td rowspan="3">基准质量
RM(kg)</td><td colspan="6">最低限值</td><td colspan="6">最高限值</td></tr>
<tr><td colspan="3">ASM5025</td><td colspan="3">ASM2540</td><td colspan="3">ASM5025</td><td colspan="3">ASM2540</td></tr>
<tr><td>HC
(×10⁻⁶)</td><td>CO
(%)</td><td>NO
(×10⁻⁶)</td><td>HC
(×10⁻⁶)</td><td>CO
(%)</td><td>NO
(×10⁻⁶)</td><td>HC
(×10⁻⁶)</td><td>CO
(%)</td><td>NO
(×10⁻⁶)</td><td>HC
(×10⁻⁶)</td><td>CO
(%)</td><td>NO
(×10⁻⁶)</td></tr>
<tr><td>RM≤1020</td><td>230</td><td>2.2</td><td>4200</td><td>230</td><td>2.9</td><td>3900</td><td>120</td><td>1.3</td><td>2600</td><td>110</td><td>1.4</td><td>2400</td></tr>
<tr><td>1020<RM≤1250</td><td>190</td><td>1.8</td><td>3400</td><td>190</td><td>2.4</td><td>3200</td><td>100</td><td>1.1</td><td>2100</td><td>90</td><td>1.2</td><td>2000</td></tr>
<tr><td>1250<RM≤1470</td><td>170</td><td>1.6</td><td>3000</td><td>170</td><td>2.1</td><td>2800</td><td>90</td><td>1.0</td><td>1900</td><td>80</td><td>1.1</td><td>1750</td></tr>
<tr><td>1470<RM≤1700</td><td>160</td><td>1.5</td><td>2650</td><td>150</td><td>1.9</td><td>2500</td><td>80</td><td>0.9</td><td>1700</td><td>80</td><td>1.0</td><td>1550</td></tr>
<tr><td>1700<RM≤1980</td><td>130</td><td>1.2</td><td>2200</td><td>130</td><td>1.6</td><td>2050</td><td>70</td><td>0.8</td><td>1400</td><td>70</td><td>0.8</td><td>1300</td></tr>
<tr><td>1980<RM≤2150</td><td>120</td><td>1.1</td><td>2000</td><td>120</td><td>1.5</td><td>1850</td><td>60</td><td>0.7</td><td>1300</td><td>60</td><td>0.8</td><td>1150</td></tr>
<tr><td>2150<RM≤2500</td><td>110</td><td>1.1</td><td>1700</td><td>110</td><td>1.3</td><td>1600</td><td>60</td><td>0.6</td><td>1100</td><td>50</td><td>0.7</td><td>1000</td></tr>
</table>

稳态工况法排气污染物排放限值Ⅱ(参考)　　　表12-4

<table>
<tr><td rowspan="3">基准质量
RM(kg)</td><td colspan="6">最低限值</td><td colspan="6">最高限值</td></tr>
<tr><td colspan="3">ASM5025</td><td colspan="3">ASM2540</td><td colspan="3">ASM5025</td><td colspan="3">ASM2540</td></tr>
<tr><td>HC
(×10⁻⁶)</td><td>CO
(%)</td><td>NO
(×10⁻⁶)</td><td>HC
(×10⁻⁶)</td><td>CO
(%)</td><td>NO
(×10⁻⁶)</td><td>HC
(×10⁻⁶)</td><td>CO
(%)</td><td>NO
(×10⁻⁶)</td><td>HC
(×10⁻⁶)</td><td>CO
(%)</td><td>NO
(×10⁻⁶)</td></tr>
<tr><td>RM≤1020</td><td>230</td><td>1.3</td><td>1850</td><td>230</td><td>1.5</td><td>1700</td><td>120</td><td>0.6</td><td>950</td><td>110</td><td>0.6</td><td>850</td></tr>
<tr><td>1020<RM≤1250</td><td>190</td><td>1.1</td><td>1500</td><td>190</td><td>1.2</td><td>1350</td><td>100</td><td>0.5</td><td>800</td><td>90</td><td>0.5</td><td>700</td></tr>
<tr><td>1250<RM≤1470</td><td>170</td><td>1.0</td><td>1300</td><td>170</td><td>1.1</td><td>1200</td><td>90</td><td>0.5</td><td>700</td><td>80</td><td>0.5</td><td>650</td></tr>
<tr><td>1470<RM≤1700</td><td>160</td><td>0.9</td><td>1200</td><td>150</td><td>1.0</td><td>1100</td><td>80</td><td>0.4</td><td>600</td><td>80</td><td>0.4</td><td>550</td></tr>
<tr><td>1700<RM≤1980</td><td>130</td><td>0.8</td><td>1000</td><td>130</td><td>0.8</td><td>900</td><td>70</td><td>0.4</td><td>500</td><td>70</td><td>0.4</td><td>450</td></tr>
<tr><td>1980<RM≤2150</td><td>120</td><td>0.7</td><td>900</td><td>120</td><td>0.8</td><td>800</td><td>60</td><td>0.3</td><td>450</td><td>60</td><td>0.3</td><td>450</td></tr>
<tr><td>2150<RM≤2500</td><td>110</td><td>0.6</td><td>750</td><td>110</td><td>0.7</td><td>700</td><td>60</td><td>0.3</td><td>400</td><td>50</td><td>0.3</td><td>350</td></tr>
</table>

2)瞬态工况法排放限值

对于2000年7月1日以前生产的第一类轻型汽车和2001年10月1日以前生产的第二类轻型汽车,参考的瞬态工况法排放限值见表12-5。

瞬态工况法排气污染物排放限值Ⅰ(参考)　　表 12-5

基准质量 RM(kg)	CO(g/km)	HC(g/km)	NO_x(g/km)
RM≤750	19	3.5	2.5
750 < RM≤850	21	3.7	2.5
850 < RM≤1020	22	3.8	2.5
1020 < RM≤1250	26	4.1	3.0
1250 < RM≤1470	29	4.4	3.5
1470 < RM≤1700	33	4.7	3.7
1700 < RM≤1930	36	5.0	3.8
1930 < RM≤2150	39	5.2	3.9
2150 < RM	42	5.6	4.0

对于 2000 年 7 月 1 日起生产的第一类轻型汽车和 2001 年 10 月 1 日起生产的第二类轻型汽车,参考的瞬态工况法排放限值见表 12-6。

瞬态工况法排气污染物排放限值Ⅱ(参考)　　表 12-6

车辆类型		基准质量 RM (kg)	限值(g/km)	
			CO	HC + NO_x
第一类车		全部	3.5	1.5
第二类车	Ⅰ类	RM≤1250	3.5	1.5
	Ⅱ类	1250 < RM≤1700	6.5	2.0
	Ⅲ类	1700 < RM	8.5	2.5

3)简易瞬态工况法排放限值

对于 2000 年 7 月 1 日以前生产的第一类轻型汽车和 2001 年 10 月 1 日以前生产的第二类轻型汽车,参考的简易瞬态工况法排放限值见表 12-7。

简易瞬态工况法排气污染物排放限值Ⅰ(参考)　　表12-7

基准质量RM (kg)	最低限值			最高限值		
	CO (g/km)	HC (g/km)	NO_x (g/km)	CO (g/km)	HC (g/km)	NO_x (g/km)
RM≤1020	41.9	5.9	6.7	22	3.8	2.5
1020＜RM≤1470	45.2	6.6	6.9	29	4.4	3.5
1470＜RM≤1930	48.5	7.3	7.1	36	5.0	3.8
RM＞1930	51.8	8.0	7.2	39	5.2	3.9

对于2000年7月1日起生产的第一类轻型汽车和2001年10月1日起生产的第二类轻型汽车，参考的简易瞬态工况法排放限值见表12-8。

简易瞬态工况法排气污染物排放限值Ⅱ(参考)　　表12-8

车辆类型		基准质量RM(kg)	最低限值		最高限值	
			CO (g/km)	HC+NO_x (g/km)	CO (g/km)	HC+NO_x (g/km)
第一类车		全部	12.0	4.5	6.3	2.0
第二类车	Ⅰ类	RM≤1250	12.0	4.5	6.3	2.0
	Ⅱ类	1250＜RM≤1700	18.0	6.3	12.0	2.9
	Ⅲ类	1700＜RM	24.0	8.1	16.0	3.6

在目前使用的汽车废气分析仪中，测定装配点燃式发动机的在用汽车的仪器有：不分光红外线分析仪、氢火焰离子分析仪、化学发光分析仪。

二 装配点燃式发动机在用汽车废气分析仪的结构及原理

(一)不分光红外线分析仪

该分析仪是从汽车排气管内搜集取出汽车的尾气，并对气体中所含有的CO和HC的浓度进行连续测定。它主要由尾气采收部分、尾气分析部分、尾气指示部分和校正装置等构成。用于检测除使用闭环控制电子燃油喷射系统和三元催化转换器技术的汽车以外的，所有装配点燃式发动机的在用汽车排气污染物的排放浓度。

1. 不分光红外线废气分析原理

车辆排放废气中的 CO、HC、NO 和 CO_2 等气体，都具有能吸收一定波长范围红外线的性质，如图 12-1 所示。CO 主要吸收波长为 4.7μm 附近的红外线，HC 吸收波长为 3.4μm 的红外线，而且红外线被吸收的程度与废气浓度之间有一个成正比的关系。不分光红外线分析法就是利用这一原理，即根据废气吸收一定波长红外线能量的变化，来检测废气中各种污染物的浓度。在各种气体混在一起的情况下，这种检测方法具有测量值不受影响的特点。

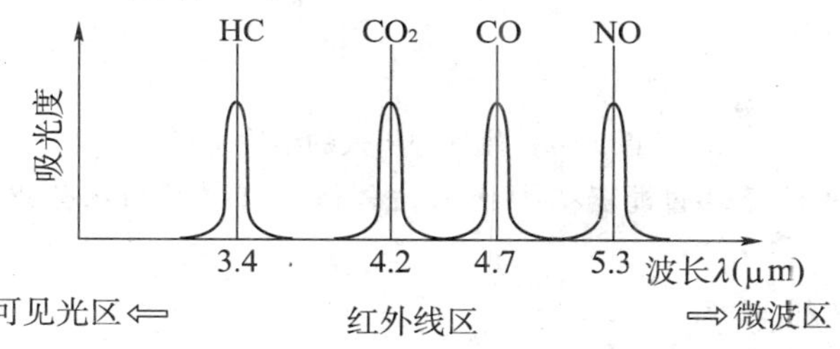

图 12-1　不同气体吸收红外线的特性

利用不分光红外线分析法制成的分析仪，既可以制成单独检测 CO 或单独检测 HC 浓度的单项分析仪，也可以制成能检测多种气体浓度的综合分析仪。在检测 HC 浓度时，由于废气中 HC 成分非常复杂，因此要把各种 HC 成分的浓度换算成正己烷（C_6H_{14}）的浓度作为 HC 浓度的测量值。

2. 不分光红外线废气分析仪的结构与工作原理

不分光红外线废气分析仪一般可以同时测量废气中 CO 和 HC 的含量。为了适应工况法检测的需要，能够全面分析废气成分和评价发动机的工作情况，尤其是电喷发动机和三元催化转换器的工作状况，可以同时检测四种气体成分和五种气体成分的四气和五气废气分析仪应用越来越广泛。其中，四气废气分析仪可以同时测量废气中 CO、HC、CO_2 和 O_2，五气废气分析仪还可测量 NO 含量。有些分析仪还增加了分析空燃比或过量空气系数的功能。

不分光红外线 CO 和 HC 废气分析仪,它能够从汽车排气管中采集气样,对其中所含 CO 和 HC 浓度进行实时检测。不分光红外线 CO 和 HC 废气分析仪由废气取样装置、废气分析装置、浓度指示装置和校准装置等组成。废气分析仪的内部结构原理如图 12-2 所示。

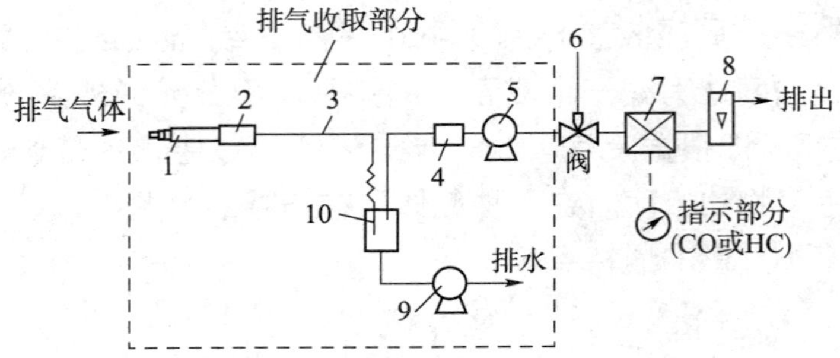

图 12-2　废气分析仪的结构原理

1-探头;2-滤清器;3-导管;4-过滤器;5-泵;6-标准气体入口;7-分析部分;8-流量计;9-排水泵;10-水分离器

1)废气取样装置

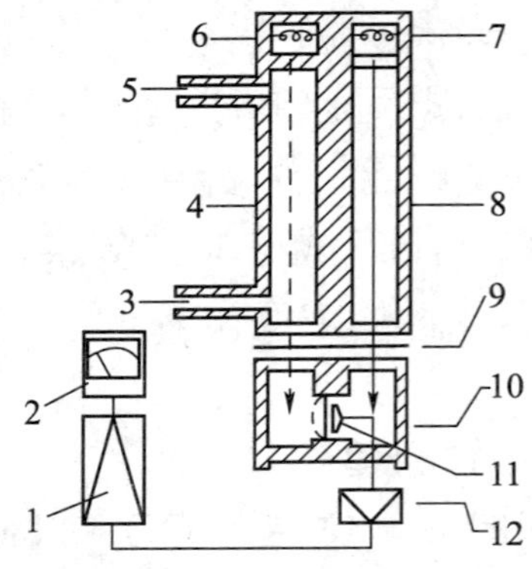

图 12-3　电容微音器式分析装置

1-主放大器;2-指示仪表;3-废气入口;4-测量气样室;5-排气口;6、7-红外线光源;8-标准气样室;9-旋转扇轮;10-测量室;11-电容微音器;12-前置放大器

从图 12-3 中可以看出,废气取样装置由取样探头、滤清器、导管、水分离器和泵等组成。该装置通过取样探头、导管和泵从车辆排气管里采集废气,再用滤清器和水分离器把废气中的炭渣、灰尘和水分除掉,只把废气送入分析装置。取样探头插入车辆排气管深度应不小于 400mm,所用材料应能耐受 600℃的排气温度。

2)废气分析装置

废气分析装置由红外线光源、气样室、旋转扇轮(截光器)和传感器等组成。该装置按照不分光红外线分析法，从来自取样装置的混有多种成分的废气中，测量 CO、CO_2和 HC 的浓度，并转变成电信号输送给浓度指示装置。按传感器形式不同，废气分析装置可分为电容微音器式（图 12-4）和半导体式等形式。

3. 浓度指示部分

尾气的浓度指示部分根据分析部分传来的电信号，CO 和 CO_2浓度以体积分数（%）为单位，HC 的浓度以正己烷当量体积分数 ppm（10^{-6}）为单位直接指示出来。

4. 校正装置

校正装置是为了维持不分光红外线分析仪的指示精度、保持准确的测定值而设置的。校正装置通过标准气体进行校准。

标准气体的校准装置是用标准气体从专用注入口直接注入分析部分，通过标准气体浓度和仪表指示值的比较，进行校正。

（二）四气体/五气体分析仪

怠速工况法测定 CO、HC 两种气体的排气检测手段已无法有效反映汽车排气污染物对大气的污染情况，更不能满足对车辆进行故障诊断的要求。因此，除测定 CO、HC 外，还必须测定汽车排气中的 NO_x和 CO_2。同时，汽车排气中含氧量是装有电控燃油喷射发动机的汽车计算机监控空燃比、控制排放量、保护三元催化转换器正常工况的重要信号。为此，目前对汽车的尾气排放检测就增加了 O_2的检测要求。现在使用的汽车尾气排放气体分析仪，要对 CO、HC、NO_x、CO_2、O_2等五种气体进行检测。

对于这五种气体成分浓度的检测通常用不同的方法进行，其中 CO、HC、CO_2通过不分光红外线（即 NDIR 法）来测定；O_2的浓度通过在测试通道中设置氧传感器来测定。NO_x（$NO + NO_2$）浓度可采用化学发光法（CLD）的原理进行测定，虽然 NO 也可以用 NDIR 法来检测，但不如化学发光法。

二 装配点燃式发动机的在用汽车的排气污染物的检验方法

(一)双怠速检验方法

用双怠速检验方法对装配点燃式发动机的在用汽车的排气污染物进行检测时,应按照GB 18285—2005《点燃式发动机汽车排气污染物排放限值及测量方法(双怠速法及简易工况法)》规定的检测程序进行。

1. 仪器的准备

(1)仪器使用前,先接通电源,预热30min以上。

(2)输入与检测相关的参数。

(3)使仪器吸进清洁空气,用零点调整旋钮调整零位,根据需要进行校准。

2. 车辆准备

(1)应保证被检测车辆处于制造厂规定的正常状态,发动机进气系统应装有空气滤清器,排气系统应装有排气消声器,并不得有泄漏。

(2)应保证取样探头插入排气管的深度不小于400mm,否则,排气管应加接管。

(3)应在发动机上安装转速计、点火正时仪、冷却液和机油测温计等测量仪器。测量时,发动机冷却液和机油温度应不低于80℃,或者达到汽车使用说明书规定的热车状态。

(4)按汽车制造厂使用说明书规定的调整法,调至规定的怠速和点火正时。

3. 测量

(1)发动机从怠速状态加速至70%额定转速,运转30s后降至高怠速状态。将取样探头插入排气管中,深度不少于400mm,并固定在排气管上,维持15s后,由具有平均功能的仪器读取30s内的平均值,或者人工读取30s内的最高值和最低值,其平均值即为高怠速污染物测量结果。对于使用闭环控制电子控制燃油喷射系统和三元催化转换器的汽车，还应同时读取过量空气系数（λ）的数值。

（2）发动机从高怠速降至怠速状态15s后，由具有平均功能的仪器读取30s内的平均值，或者人工读取30s内的最高值和最低值，其平均值即为怠速污染物测量结果。

（3）若为多排气管时。取各排气管测量结果的算术平均值作为测量结果。

（4）若车辆排气管长度小于测量深度时，应使用排气加长管。

（5）对于单一燃料汽车，仅按燃用气体燃料进行排放检测；对于两用燃料汽车，要求对两种燃料分别进行排放检测。

（6）测量完毕后，及时将采样探头从排气管中取出。

（7）使分析仪继续运行几分钟，此时仪器吸进新鲜空气自动清洗仪器，使仪器的指示值回到零位。

4. 使用注意事项

（1）汽油车怠速污染物的检测一定要把发动机怠速和温度控制在规定范围之内。

（2）取样探头、导管分为低浓度用和高浓度用两种，两种要分别使用。

（3）检测时，导管不要发生弯折现象。

（4）多辆车连续检测时，一定要把取样探头从排气管里抽出并待仪表指针回到零点后，再进行下一辆车的测量。

（5）不要在有油或有有机溶剂的地方进行检测。

（6）要注意检测地点室内通风换气，以防现场工作人员中毒。

（7）检测结束后，要立即把取样探头从排气管里抽出来。

（8）取样探头不用时要垂直吊挂，不要平放，以防管内的积水腐蚀取样探头。

（9）分析仪不要放置在湿度大、温度变化大、振动大或有倾斜的地方。

（10）分析仪要定时维护，以确保使用精度。

(二)稳态工况检验方法

在GB 18285—2005《点燃式发动机汽车排气污染物排放限值及测量方法(双怠速法及简易工况法)》中,规定了对装配点燃式发动机的在用汽车的排气污染物进行简易工况法检验的三种方法:稳态工况法、瞬态工况法、简易瞬态工况法等。目前使用最多的是稳态工况法。

1. 对车辆和燃料的要求

1)试验车辆要求

(1)车辆的机械状况应良好,无影响安全或引起试验偏差的机械故障。

(2)车辆进、排气系统不得有任何泄漏。

(3)车辆的发动机、变速器和冷却系统等应无液体渗漏。

(4)轮胎表面磨损应符合有关标准的规定。驱动轮轮胎压力应符合生产厂的规定。

2)燃料要求

应使用符合规定的市售燃料,包括:无铅汽油、压缩天然气、液化石油气等。

2. 试验准备

1)车辆准备

(1)如需要,可在发动机上安装冷却液和机油测温计等测试仪器。

(2)关闭空调、暖风等附属装备。装备牵引力控制装置的车辆,应关闭牵引力控制装置。

(3)车辆预热。进行试验前,车辆各总成的热状态应符合汽车技术条件的规定,并保持稳定。

(4)变速器的使用。安装自动变速器的车辆,使用前进挡进行试验;安装手动变速器的车辆,使用二挡进行试验,如果二挡所能达到的最高车速低于45km/h,可使用三挡。

(5)车辆驱动轮应位于滚筒上,必须确保车辆横向稳定。驱动轮轮胎应干燥防滑。

(6)车辆应限位良好。对前轮驱动车辆，试验前应使驻车制动起作用。

(7)在试验工况计时过程中，车辆不允许制动。

2)设备准备

(1)废气分析仪预热。应在通电后30min内达到稳定。在5min内，仪表原始状态的零位及HC、CO、NO和CO_2的量程读数，均应稳定在误差范围内。

(2)在每次开始试验前2min内，分析仪器应完成自动调零、环境空气测定和HC残留量的检查。

(3)在每天开机检测前应对废气分析仪取样系统进行泄漏检查，如未进行泄漏检查或泄漏检测没有通过，系统应该锁定不能进行检测。

(4)底盘测功机预热。底盘测功机每天开机或停机、转速小于25km/h超过30min，应在试验前进行自动预热。此预热应由系统自动控制完成，如没有按规定完成预热，系统应锁定不能进行检测。

3. 测试程序

车辆驱动轮位于底盘测功机滚筒上，将分析仪取样探头插入排气管中，深度为400mm，并固定于排气管上，对独立工作的多排气管应同时取样。

在底盘测功机上的稳态工况法(ASM)试验运转循环由ASM 5025和ASM 2540两个工况组成，如图12-4所示。

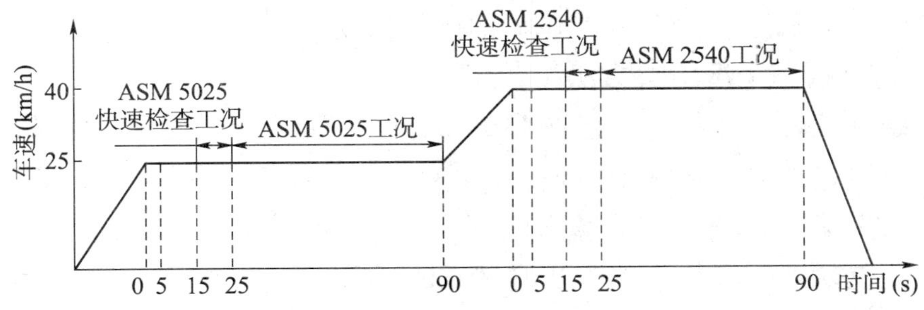

图12-4　稳态工况法(ASM)试验运转循环

1)ASM 5025 工况

经预热后的车辆加速至 25.0km/h,底盘测功机以车辆速度为 25.0km/h、加速度为 1.475m/s^{2}时的输出功率的 50%作为设定功率,对车辆加载,工况计时器开始计时(t=0s)。车辆以 25.0km/h ± 1.5km/h的速度持续运转 5s。系统将根据分析仪最长响应时间进行预置(如果分析仪响应时间为 10s,则预置时间为 10s,t=15s),然后,系统开始取样,持续运行 10s(t=25s)即为 ASM 5025 快速检查工况。ASM 5025 快速检查工况结束后,继续运行至 90s(t=90s),即为 ASM 5025 工况。

在测量过程中,任意连续 10s 内第 1s 至第 10s 的车速变化,相对于第 1s 小于 ±0.5km/h 时,则测试结果有效。快速检查工况的 10s 内的排放平均值经修正后如果等于或低于限值的 50%时,则测试合格,检测结束;否则,应继续进行至 90s 工况。如果所有检测污染物连续 10s 的平均值均低于或等于限值,则该车应判定为 ASM 5025 工况合格,继续进行 ASM 2540 检测;如任何一种污染物连续 10s 的平均值超过限值。则测试不合格,检测结束。在检测过程中,如任意连续 10s 内的任何一种污染物 10 次排放值经修正后均高于限值的 500%,则测试不合格,检测结束。

2)ASM 2540 工况

测试步骤和要求同 ASM 5025,只是将测试时的车辆加速至 40.0km/h,加速度为 1.475m/s^{2}时的输出功率的 25%作为设定功率。

(三)瞬态工况检验方法

瞬态工况检验的方法应按 GB 18285—2005《点燃式发动机汽车排气污染物排放限值及测量方法(双怠速法及简易工况法)》的要求进行。

(四)简易瞬态工况检验方法

简易瞬态工况检验的方法应按 GB 18285—2005《点燃式发动机汽车排气污染物排放限值及测量方法(双怠速法及简易工况法)》的规范要求进行。

第三节　装配压燃式发动机的在用汽车的排气烟度的检验方法

一　装配压燃式发动机汽车排气烟度排放限值

压燃式发动机是指采用压燃原理工作的发动机，如柴油机。

GB 3847—2005《车用压燃式发动机和压燃式发动机汽车排气烟度排放限值及测量方法》的“第Ⅳ部分在用汽车的排气烟度排放控制要求”，根据生产日期的不同规定了不同的排放限值。

1. 2005 年 7 月 1 日起生产的在用汽车

自 2005 年 7 月 1 日起，按标准规定经核准生产的在用汽车，应按《在用汽车自由加速试验不透光烟度法》进行自由加速试验，所测得的排气光吸收系数不应大于车型核准的自由加速排气烟度排放限值，再加 $0.5m^{-1}$。

2. 对于 2001 年 10 月 1 日起生产的在用汽车

自 2001 年 10 月 1 日起至 2005 年 7 月 1 日生产的汽车，应按标准规定的《在用汽车自由加速试验不透光烟度法》的要求进行自由加速试验，所测得的排气光吸收系数不应大于以下数值：

(1) 自然吸气式：$2.5m^{-1}$；

(2) 涡轮增压式：$3.0m^{-1}$。

3. 对于 2001 年 10 月 1 日前生产的在用汽车

自 1995 年 7 月 1 日起至 2001 年 9 月 30 日期间生产的在用汽车，应按《在用汽车自由加速试验滤纸烟度法》的要求进行自由加速试验，所测得的烟度值应不大于 4.5Rb。

自 1995 年 6 月 30 日以前生产的在用汽车，应按《在用汽车自由加速试验滤纸烟度法》的要求进行自由加速试验，所测得的烟度值应不大于 5.0Rb。

4. 压燃式发动机在用汽车的排放监控

自2005年7月1日起,压燃式发动机在用汽车排放监控,采用GB 3847—2005标准规定的排气烟度排放限值及测量方法,其排放限值如下:对于新车车型或发动机机型排放达到GB 17691—2005第Ⅲ阶段排放标准的在用车,可参照表12-9中的1.00m^{-1}~1.39m^{-1}限值执行。

加载减速法排放限值范围　　表12-9

车型		光吸收系数(m^{-1})
轻型车	重型车	
2005年7月1日起生产的第一类轻型车和2006年7月1日起生产的第二类轻型车	2004年9月1日起生产的重型车	1.00~1.39
2000年7月1日起生产的第一类轻型车和2001年10月1日起生产的第二类轻型车	2001年9月1日起生产的重型车	1.39~1.86
2000年7月1日以前生产的第一类轻型车和2001年10月1日以前生产的第二类轻型车	2001年9月1日以前生产的重型车	1.86~2.13

二 装配压燃式发动机在用汽车排气烟度分析仪的结构及原理

测定装配压燃式发动机在用汽车的仪器有:滤纸式烟度计、不透光烟度计(也称透光式烟度计或透射式烟度计)。对于2001年10月1日前生产的在用汽车的排气烟度排放状况的检测使用滤纸式烟度计;对于2001年10月1日以后生产的在用汽车的排气烟度排放状况的检测使用不透光烟度计。

(一)滤纸式烟度计的结构及原理

滤纸式烟度计结构如图12-5和图12-6所示,由采样器和检测器两部分组成。采样器为一个弹簧泵,前端带有采样探头,插入排气管中央吸取一定容积的尾气,使其通过一张面积一定的洁白滤纸,排气中的炭烟积聚在滤纸表面,使滤纸污染。用检测器测定滤纸的污染度。该污染度即定义为滤纸烟度，单位为波许（Bosch）值，用 Rb 表示。规定全白滤纸的 Rb 值为 0，全黑滤纸的 Rb 值为 10，并从 0 ~10 均匀分度。

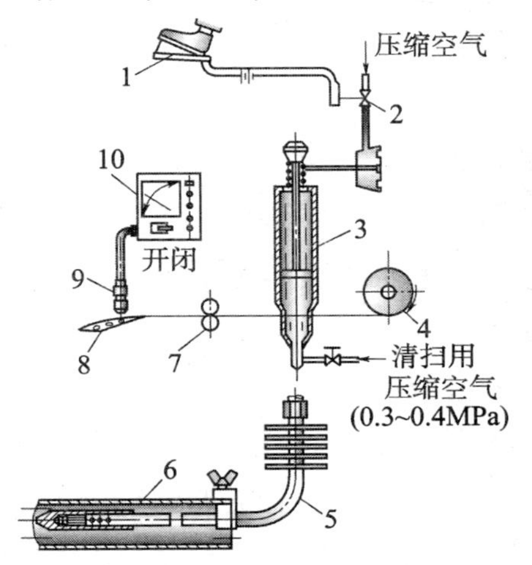

图 12-5　滤纸式烟度计的采样器

1-脚踏开关；2-电磁阀；3-抽气泵；4-滤纸卷；5-取样探头；6-排气管；7-进给机构；8-染黑的滤纸；9-光电传感器；10-指示仪表

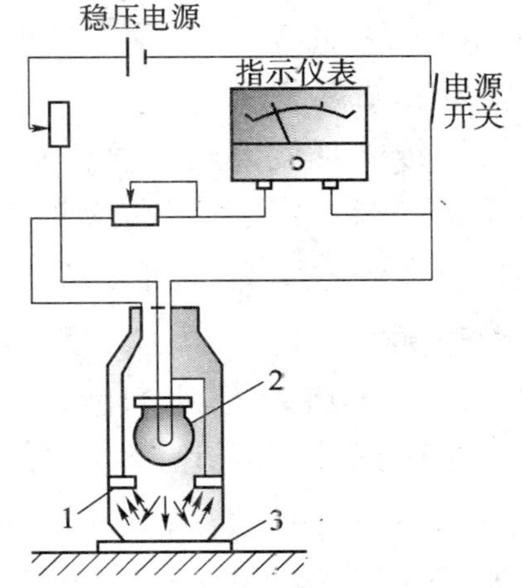

图 12-6　滤纸式烟度计的检测器

1-光电元件；2-灯泡；3-滤纸

滤纸式烟度计结构简单，调整方便，测定值可靠性高，价格低廉。滤纸试样直观性好，便于保存，适宜于稳态工况的测定。缺点是只能检测排气中黑色的炭烟，当柴油机在怠速及低负荷运转时，因排气温度低及其他原因排出的油雾及水蒸气形成的蓝烟和白烟却不能测出。

1. 排烟收取部分

排烟收取部分由探头、导管、吸入泵等构成。将探头插入排气管内，在加速踏板上安装脚踏开关，踩下加速踏板，使发动机作急加速运转，同时使吸入泵动作，吸入定量的排烟，由于滤纸设置于排烟吸入通路中，所以，排烟中的炭粒子被吸附到滤纸上。

2. 检测指示部分

检测指示部分由光电传感器、指示仪表等组成，光电传感器由光源（白炽灯泡）、光电元件（环形硒光电池）和电位器等组成。

将已经收取到黑烟的滤纸对着检测部分的光电传感器，从灯泡发出的光被滤纸反射，用环状的光电元件接受其反射光，产生电流并使指针动作，当滤纸的污染较重时，反射的光量就少，指针向满刻度“10”偏移，滤纸的污染度较低时，指针就向“0”偏移。

3. 校正装置

滤纸式烟度计还具有校正染黑度(满刻度一半，即Rb5左右)用的标准纸，当将校正用标准纸正对着检测部分，再用指示调整旋钮根据校正用标准纸的染黑度调节指示值，就能方便地实施指示部分的校正，从而维持测定的精密度，使测定值保持正确。

(二)不透光式烟度计

不透光式烟度计是利用透光衰减率来测定排气烟度。该烟度计的主要元件有光源、充满排气并有一定长度的光通路及放置在光源对面将透光信号转变成电信号的光电元件。光电元件的输出与烟气所造成的发光强度衰减(遮光度)成正比。通常，不透光法测得的不透光度(即烟度)N用(%)表示。

不透光式烟度计可分为全流式和分流式两类。全流式不透光烟度计测量全部排气的透光衰减率，有在线式及排气管尾端式两种。在排气管口端不远处的排气烟束两侧分别布置有光源和光电池，光电池接受到的光线与排气烟度成正比。为了不受排气热影响，光源和光电器件置于离排气通路有一定距离的地方。

由于排烟是连续不断通过测试管的，所以不论稳态、非稳态和过渡现象，烟度的测定都很方便。但是由于光学系的污染，这种烟度计测定中容易产生误差，因此，必须注意清洗。另外排气烟中所含的水滴和油滴也可能作为烟度显示出来。当抽样检验的排烟超过500℃时，必须采用其他冷却装置冷却排烟，以确保其中检测精度。

三 装配压燃式发动机的在用汽车的排气烟度的检验方法

(一)在用汽车自由加速试验

在用汽车自由加速试验可分为：自由加速滤纸烟度法和自由加速不

透光烟度法两种。对于2001年10月1日以前生产的在用汽车，按自由加速滤纸烟度法进行检测；对于2001年10月1日起生产的在用汽车，按自由加速不透光烟度法进行检测。

自由加速工况是：在发动机怠速下，迅速但不猛烈地踏下加速踏板，使喷油泵供给最大油量。在发动机达到调速器允许的最大转速前，保持此位置。一旦达到最大转速，立即松开加速踏板，使发动机恢复至怠速状态。

1. 滤纸烟度法

在自由加速工况下，从发动机排气管抽取规定长度的气体柱所含的炭烟，使规定面积的清洁滤纸染黑的程度称为自由加速滤纸烟度。

1）仪器的准备

接通烟度计电源，预热5min以上，并检查来自空气压缩机的空气压力，使之符合规定要求。将校正用的标准纸（烟度卡）对着检测部分，用指示调零旋钮将指示计校正到符合标准纸（烟度卡）的污染度表示值。

2）车辆准备

（1）发动机应处于规定的热状态，即水冷发动机冷却液温度高于60℃，风冷发动机油温高于40℃。

（2）检查柴油机是否有消烟剂，如有，应予更换。

（3）发动机排气系统不得有泄漏现象。

（4）检查取样探头的插入深度，能插入的深度不小于300mm，否则，应加接管，且其口不得漏气。

（5）车辆进气系统应装有空气滤清器，排气系统应装有消声器并且不得有泄漏。

（6）柴油应符合国家标准的规定，不得另外使用燃油添加剂。

（7）自1995年7月1日起新生产柴油车装用的柴油机，应保证起动加浓装置在非起动工况不再起作用。

3）测量循环

循环前准备：用压力为300～400kPa的压缩空气清洗取样管路，把抽气泵置于待抽气位置,将洁白的滤纸置于待取样位置,并用夹紧机构夹紧滤纸。

4)循环时间

应于 20s 内完成上面所规定的测量循环,对手动烟度计,指示器读数可以在完成测量程序后一并进行。

5)测量程序

(1)安装取样探头:将取样探头固定于排气管内,插入深度为 300mm,并使其中心线与排气管轴线平行。

(2)吹除积存物:按自由加速工况进行 3 次,以清除排气系统中的积存物。

(3)测量取样:将抽气泵开关置于加速踏板上,按自由加速工况及上述测量循环,循环测量 4 次,取后 3 次读数的算术平均值即为所测烟度值。

(4)当汽车发动机出现黑烟冒出排气管的时间和抽气泵开始抽气的时间不同步的现象时,应取最大烟度值。

2. 不透光烟度法

1)车辆准备

(1)车辆在不进行预处理的情况下,也可以进行试验。出于安全考虑,必须确保发动机处于正常热机状态,并且机械状态良好。

(2)发动机应充分预热,例如:在发动机机油标尺孔位置测得的机油温度应至少为 80℃;如果温度低于 80℃,发动机也应处于正常运转温度。因车辆结构,无法进行温度测量时,可以通过其他方法使发动机处于正常运转温度,例如:通过控制发动机冷却风扇。

(3)采用至少 3 次自由加速过程或其他等效方法对排气系统进行吹拂。

2)试验方法

(1)目测检测车辆的排气系统的相关部件是否泄漏。

(2)发动机包括所有装有废气涡轮增压的发动机,在每个自由加速循环的起点均处于怠速状态。对重型发动机，将加速踏板放开后，至少等待10s。

(3)在进行自由加速测量时，必须在1s内，将加速踏板快速、连续地完全踩到底，使喷油泵在最短时间内供给最大油量。

(4)对每一个自由加速测量，在松开加速踏板前，发动机必须达到断油点转速。对带自动变速器的车辆，则应达到制造厂家申明的转速(如果没有该数据值，则应达到断油转速的2/3)。关于这一点。在测量过程中必须进行检查。例如：通过监测发动机转速，或延长加速踏板踏到底后与松开加速踏板前的间隔时间。对于重型汽车，该间隔时间应至少为2s。

(5)计算结果取最后3次自由加速测量结果的算术平均值。在计算平均值时，可以忽略与测量平均值相差很大的测量值。

(二)在用汽车加载减速试验

对装配压燃式发动机的在用汽车的排气烟度的检验，可以使用加载减速工况法。所使用的检测设备主要包括：底盘测功机、不透光烟度计、发动机转速传感器等，由中央控制系统集中控制。如果发现受检车辆的车况太差，不适宜用加载减速法检测，必须先进行修理后才能进行检测。

第十三章　汽车噪声控制与检验

第一节　汽车噪声的评价指标

一　噪声的基本知识

1. 声压与声压级

（1）声压。声波作用于大气，使大气压强发生变动的变动量称为声压。即单位面积上的作用力，声压的单位用 Pa 来表示，一般在 $2 \times 10^{-5} \sim 20$Pa 范围。声压远小于大气压。声压越大，声音越响。

对于 1000Hz 的纯音来说，正常人耳能够感受的最小声压为 2×10^{-5}Pa，称为基准声压或听阈声压，用 P_0 表示。人耳能承受的最大声压为 20Pa，称为痛阈，这样大的声音会使人耳感到震痛。

（2）声压级。声压级是声音的实际评价指标之一。由于声压范围很大，并且人耳实际听到的声音大小并不与声压成比例，所以实际使用声压的相对值（声压级）来衡量人听到的声音大小。

声压级的定义是：

$$L_p = 20\lg(P/P_0) \tag{13-1}$$

式中：P——声压，Pa；

P_0——基准声压，为 2×10^{-5}Pa；

L_p——声压级，dB。

通过上式计算，听阈的声压级为 0dB，痛阈的声压级为 120dB。因此，人耳听觉范围内的声压级为 0 ~120dB。

2. 声功率与声功率级

声功率系指声源在单位时间内向外辐射的总能量，单位为 W。

声功率级 L_W 可用下式表示：

$$L_W = 10\lg(W/W_0) \tag{13-2}$$

式中：W——声功率，W；

W_0——基准声功率，$W_0 = 10^{-12}$ W。

二 噪声的评价指标

1. 响度级

人耳对声音的感觉不仅与声压有关，而且也与频率有关。入耳可闻声音频率的范围为 20～20000Hz。往往声压级相同，但由于频率不同，听起来并不一样响，相反，不同频率的声音，虽然声压级不同，但有时听起来却一样响。因此，用声压级测定的声音强弱与人们的生理感觉往往并不一致。因而，需采用与人耳生理感觉相适应的指标来评价声音的强弱，这个指标就是响度级。其单位用"方"来表示。选取 1000Hz 的纯音作为基准音，其噪声听起来与该纯音一样响，该噪声的响度级就等于这个纯音声压级的分贝数。例如，某噪声听起来与声压级 85dB、频率 1000Hz 的基准声音一样响，则该噪声的响度级就是 85 方。

响度级 L_N 是表示声音响度的主观量，它把声压级和频率用一个概念统一了起来。

2. 噪声级

为了能测出与人耳感觉相一致的响度级，理应使用"响度级计"来测量声音的强弱。但要设计和制造出对于不同频率的声音均具有与人耳感觉一致的仪器较为困难。目前，采用参考等响曲线，在声学测量仪中，设置几个频率计权网络（即滤波器），利用它对高、中、低频的衰减不同来模拟人耳听觉，一般设有 A、B、C 三个计权网络。

所谓噪声级就是指在选定的计权网络下所测得的声压级（响度级）。例如，80dB(A) 是在 A 挡计权网络下测得的声压级为 80dB，称为噪声级 80dB(A) 或 80 方(A)。用 A 计权网络测得的噪声值也称 A 声级。

第二节　声级计的结构原理

一　声级计的类型

声级计是一种能把工业噪声、生活噪声和交通噪声等,按人耳听觉特性近似地测定其噪声级的仪器。噪声级是指用声级计测得的并经过听感修正的声压级(dB)或响度级(方)。

按照国际电工委员会的标准(IEC 651)规定,声级计分为四种类型,即0型、Ⅰ型、Ⅱ型、Ⅲ型。它们相应的精度分别为±0.4dB、±0.7dB、±1.0dB、±1.5dB。0型声级计可作为标准用声级计,Ⅰ型声级计可供研究工作使用,Ⅱ型声级计可适用一般用途,Ⅲ型声级计可用于调查和普测工作。0型和Ⅰ型声级计也称为精密声级计,Ⅱ型和Ⅲ型声级计也称为普通声级计。我国有关声级计的国家标准是GB 3785—1983《声级计电、声性能及测试方法》,它与IEC标准的主要要求是一致的。

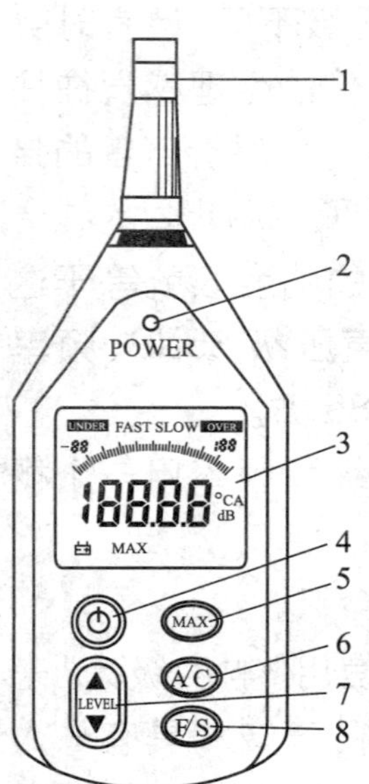

图13-1　声级计面板
1-电容传声器;2-电源指示灯;3-显示屏;4-电源开关;5-最大值锁定开关;6-频率加权A/C选择开关;7-挡位切换开关;8-快慢挡选择开关

各种类型声级计的工作原理基本上是相同的,所不同的往往是附加有一些特殊的性能,这些特殊性能,使它们能作各种不同的测量。

二　声级计的结构

噪声的测量需采用一定的声级计设备来完成。在汽车噪声测试中,常用的设备是声级计。

声级计是一种能把工业噪声、生活噪声和交通噪声等,按人耳听觉特性近似地测定其噪声级的仪器,声级计面板如图13-1所示。噪声级是指用声级计测得的并经过听感修正的声压级（dB）或响度级（方）。

声级计一般由传声器、放大器、衰减器、计权网络、检波器、指示表头和电源等组成，如图 13-2 所示。所需电源一般由干电池供给。

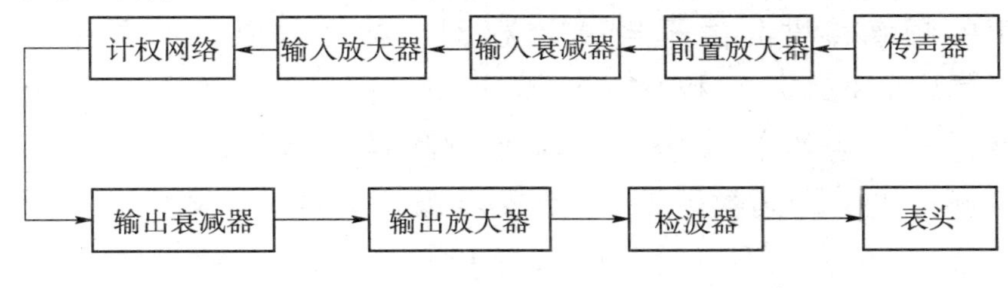

图 13-2　声级计结构原理框图

1. 传声器

传声器是用来把被测声信号换成电信号的器件，也称为话筒，它是声级计的传感器。传声器可分为 3 种：电动式传声器、压电式传声器和电容式传声器。

电容式传声器主要由金属膜片和靠得很近的金属电极组成。金属膜片与金属电极构成了平板电容的两个极板。当膜片受到声压作用时，膜片发生变形，使两个极板之间的距离发生改变，电容量也随之发生变化，从而产生交变电压，其波形在传声器线性范围内与声压级波形成比例，实现了将声信号转变为电信号的转换。

2. 放大器和衰减器

一般声级计的放大线路中都采用两级放大器，即输入放大器和输出放大器，其作用是将微弱的电信号放大。输入衰减器和输出衰减器是用来改变输入信号的衰减量和输出信号的衰减量，以便使被测噪声在选定的范围内。输入放大器使用的衰减器调节可通过“LEVEL”挡位切换开关选择，共有 30 ~80dB、50 ~100dB、60 ~110dB、80 ~130dB 四个挡位。

3. 计权网络

为了模拟人耳听觉在不同频率有不同的灵敏性，在声级计内设有一种能够模拟人耳的听觉特性，把电信号修正为与听感近似的计权网络。

如前所述,声级计一般设有A、B、C三种计权网络,A计权声级是模拟人耳对55dB以下低强度噪声的频率特性。B计权声级是模拟55~85dB的中等强度噪声的频率特性,C计权声级是模拟高强度噪声的频率特性。由于用A计权网络检测得到的结果最接近人的主观感觉,同时A计权网络检测比较方便,因此,A计权网络已成为国际标准化组织和大多数国家检测噪声的指定方法。经过A计权网络测出的dB读数称为A计权声级。因此,从声级计上得出的噪声级读数,必须注明测量条件,如单位为dB,且使用的是A计权网络,则应记为dB(A)。

4. 检波器和显示屏

为了使经过放大的信号通过显示屏显示出来,声级计还需要有检波器,以便把迅速变化的电压信号转变成变化较慢的直流电压信号。这个直流电压的大小要与输入信号的大小成正比。根据测量的需要,检波器有峰值检波器、平均值检波器和均方根值检波器之分。峰值检波器能给出一定时间间隔中的最大值,平均值检波器能在一定时间间隔中测量其绝对平均值。除了像枪炮声那样的脉冲声需要测量它的峰值外,在多数的噪声测量中均是采用均方根值检波器。

声级计表头阻尼一般都有“快”和“慢”两个挡。“快”挡的平均时间为0.27s,很接近于人耳听觉器官的生理平均时间;“慢”挡的平均时间为1.05s。当对稳态噪声进行测量或需要记录声级变化过程时,使用“快”挡比较合适;在被测噪声的波动比较大和测量噪声平均值时,以使用“慢”挡比较合适。

声级计面板上一般还备有一些插孔。这些插孔如果与其他设备相连,可组成频谱分析系统。

为适应测量现场的需要,声级计一般都备有三脚支架,以便视需要将声级计固定在三脚支架上。

5. 电源

对于便携式声级计,为了便于现场测量,要求用电池供电。

三 声级计的使用工作原理

被测量的声信号被传声器接收，传声器将声信号变成电信号，微小的电信号经前置放大器送到输入衰减器和输入放大器，放大器将微小电信号放大，衰减器对较大的输入信号加以衰减，使在指示器上获得适当的指示，也使测量量程扩大。计权网络对通过的信号进行频率滤波，使声级计的整机频率响应符合一定频率计权特性的要求，以便能测量声级。信号再经过输出衰减器和输出放大器后，送到检波器进行检波，将交流信号变成直流信号。并由指示器以“dB”指示出来。检波器还使声级计具有“快”、“慢”、“脉冲”或“保持”等时间计权（电表阻尼）特性。电源部分将交流电或电池电压进行变换，供给声级计各部分所需要的电源电压。如果把声级计与倍频带或1/3倍频带滤波器串联，就可以组成便携式简易频谱分析仪。如果把声级计与便携式磁带记录仪组合起来，则可把现场的噪声录制在磁带上，储存或带回实验室进行分析。

四 声级计的使用

1. 声级计使用前的校准

正确使用声级计可以减小测量误差，保证测量结果的准确性，同时减少仪器的损坏，延长仪器的使用寿命。不同型号的声级计具有各自的功能特点，同时，也具有相同的使用方法，使用前都必须进行校准。其校准方法如下。

（1）在未接通电源时，先检查表指针是否在机械零点上。若不在零点，可用零点调整螺钉调整指针至零点。

（2）检查电池容量。把声级计功能开关置于电池检查位置，此时，电表指针也应指示在“电池检查”红色刻度线或规定区域内，当低于此刻度线或规定区域，就表示电池电压过低，应更换电池。

（3）打开电源开关，预热仪器10min。

（4）对仪器进行校准。每次测量前或使用一段时间后，必须对仪器的电路和传声器进行校准。声级计上一般都配有电路校准的"参考"位置,可校验放大器的工作是否正常。如不正常,应调节微调电位器。电路校准后,再利用已知灵敏度的标准声源对声级计上的传声器进行对比校准。

(5)将声级计的功能开关对准"线性"、"快"挡,由于一般办公室内的环境噪声为40~60dB,因此声级计上应有相应的示值。变换衰减器刻度盘,表头示值应相应变化10dB左右。

(6)检查计权网络。接以上步骤,将"线性"位置依次变为"C"、"B"、"A"。由于室内环境噪声多为低频成分,故经频率计权后的噪声级示值将低于线性值,而且应依次递减。

(7)考查"快"、"慢"挡。将衰减器刻度盘调至高dB值处(例如90dB),操作人员发声,并注意观察"快"挡时的指针摆动能否跟上发音速度,"慢"挡时的指针摆动是否明显迟缓。这是"快"、"慢"两挡所要求的表头阻尼程度的基本特征。

(8)在不知道被测声级多大时,必须把衰减器刻度盘预先放在最大衰减位置(即120dB),然后,在实测中再逐步旋至被测声级所需要的衰减挡位。

2. 声级的测量

把计权开关置于"A"、"B"或"C"位置,就可测得A声级、B声级或C声级。对于使用两个独立操作衰减器的声级计,应当注意不要使输入放大器过载。

第三节　汽车噪声控制及检验

根据营运车辆的实际情况,主要检验和控制汽车定置噪声、驾驶人耳旁噪声和喇叭声级。

一、汽车定置噪声检验

汽车定置噪声,是指被检车辆定置(不行驶)在测量场地上,发动机空载运转，测得的噪声。用这种方法得到的测量数据可评价、检查机动车辆的主要噪声源之一——排气噪声的水平。

(一)汽车定置噪声限值

汽车定置噪声限值见表 13-1。

汽车定量噪声限值(单位:dB)　　表 13-1

<table>
<tr><td rowspan="2">车辆类型</td><td rowspan="2" colspan="2">燃料种类</td><td colspan="2">出厂日期</td></tr>
<tr><td>1998 年 1 月 1 日以前</td><td>1998 年 1 月 1 日及以后</td></tr>
<tr><td>轿车</td><td colspan="2">汽油</td><td>87</td><td>85</td></tr>
<tr><td>微型客车、货车</td><td colspan="2">汽油</td><td>90</td><td>88</td></tr>
<tr><td rowspan="3">轻型客车、货车
越野车</td><td rowspan="2">汽油</td><td>$n_r \leq 4300$r/min</td><td>94</td><td>92</td></tr>
<tr><td>$n_r > 4300$r/min</td><td>97</td><td>95</td></tr>
<tr><td colspan="2">柴油</td><td>100</td><td>98</td></tr>
<tr><td rowspan="2">中座客车、货车
大型客车</td><td colspan="2">汽油</td><td>97</td><td>95</td></tr>
<tr><td colspan="2">柴油</td><td>103</td><td>101</td></tr>
<tr><td rowspan="2">重型货车</td><td colspan="2">$N \leq 147$kW</td><td>101</td><td>99</td></tr>
<tr><td colspan="2">$N > 147$kW</td><td>105</td><td>103</td></tr>
</table>

注:N——汽车发动机额定功率。

n_r——发动机额定转速。

(二)汽车定置噪声检验方法

1. 测量环境

1) 测量场地

(1) 测量场地应为开阔的，由混凝土、沥青等坚硬材料所构成的平坦地面。其边缘至车辆外廓至少 3m(图 13-3)。测量场地之外的较大障碍物(例如，停放的车辆、建筑物、广告牌、树木、平行的墙等)距离传声器不得小于 3m。

(2) 除测量人员和驾驶人外，测量现场不得有影响测量的其他人员。

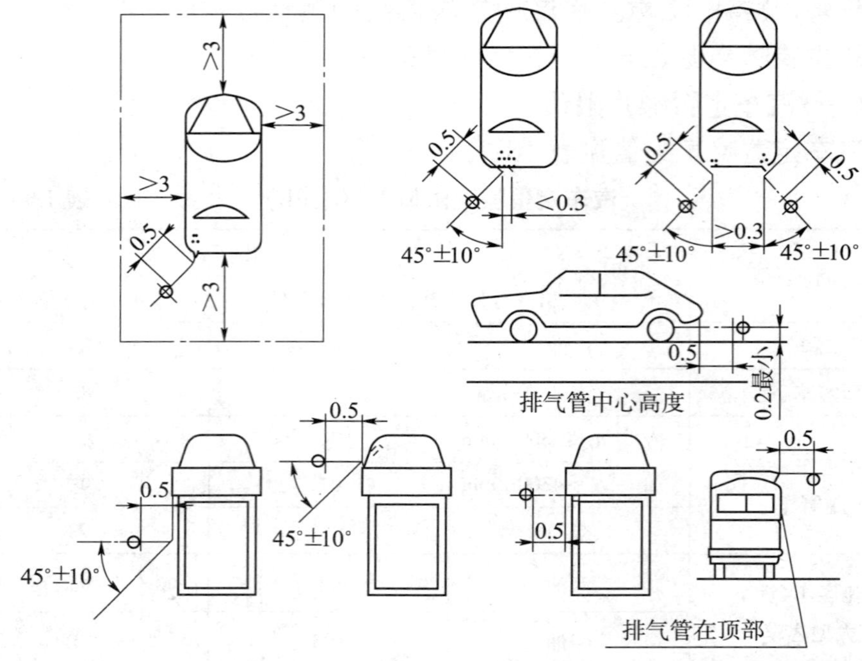

图 13-3　排气噪声测量场地和传声器位置(单位:m)

2)背景噪声

(1)测量过程中,传声器位置处的背景噪声(包括风的影响)应比被测噪声低 10dB(A)以上。这里所指的背景噪声是指车辆以外的噪声。

(2)如果背景噪声比测量噪声低 6 ~10dB(A),测量结果应减去表 13-2中的修正值,差值小于 6dB(A),测量无效。

测量噪声修正值(单位:dB)　　表 13-2

测量噪声与背景噪声差值	6 ~ 8	9 ~ 10	>10
修 正 值	1.0	0.5	0

3)风速

风速超过 2m/s 时,声级计应使用防风罩,同时注意阵风对测量的影响。测量时的风速大于 5m/s 测量无效。

2. 测量程序

1) 车辆位置和状态

(1) 车辆尽量置于测量场地的中央,变速器挂空挡,拉紧驻车制动器操纵杆,离合器接合。

(2) 发动机罩、车窗与车门应关闭,车辆的空调及其他辅助装置应关闭。

(3) 测量时,发动机冷却液温度、机油温度应符合生产厂的规定。

2) 测量次数

每类试验的每个测点重复进行试验,直到连续出现 3 个读数的变化范围在 2dB 之内为止,并取其算术平均值作为测量结果。

3) 噪声测量(图 13-3)

(1) 传声器位置。

①传声器与排气口端等高,在任何情况下,距地面不得小于 0.2m。

②传声器的参考轴应与地面平行,并和通过排气口气流方向且垂直地面的平面,呈 45° ±1°夹角。传声器朝向排气口,距排气口端 0.5m,放在车辆外侧。

③车辆装有两个或更多的排气管,且排气管之间的间隔不大于 0.3m,并连接于一个消声器时,只需取一个测量位置。传声器应选择位于最靠近车辆外侧的那个排气管。如果两个或两个以上的排气管同时在垂直于地面的直线上,则选择离地面最高的一个排气管。

④装有多个排气管,并且各排气管的间隔又大于 0.3m 的车辆,对每一个排气管都要测量,并记录下其最高声级。

⑤排气管垂直向上的车辆,传声器放置高度应与排气管口等高,传声器朝上,其参考轴应垂直地面。传声器应放在离排气管较近的车辆一侧,并距排气口端 0.5m。

⑥车辆由于设计原因(如备胎、油箱、蓄电池等)不能满足①和②放置时,应画出测点图,并标注传声器选择的位置。传声器朝向排气口,放在尽可能满足上述条件,并距最近障碍物大于 0.2m 的地方。

(2)发动机运转条件。汽油机车辆取 3/4n_r ±50r/min;柴油机车辆取 3/4n_r ±50r/min。n_r为生产厂家规定的发动机额定转速。

(3)测量时,当发动机稳定在上述转速后,测量由稳定转速尽快减速到怠速过程的噪声,记录最高声级值。

二 汽车驾驶人耳旁噪声

1. 汽车驾驶人耳旁噪声限值

GB 7258—2012 中规定,汽车(三轮汽车和低速货车除外)驾驶人耳旁噪声声级不应大于 90dB(A)。

2. 汽车驾驶人耳旁噪声检验方法

(1)测点位置。测量汽车驾驶人耳旁噪声一般选在驾驶人的右耳附近,声级计的传声器应朝向驾驶人耳朵方向。

(2)测量时车辆状态。测量汽车驾驶人耳旁噪声时,车辆应处于静止状态且变速器置于空挡,发动机应处于额定转速状态。车辆门窗应紧闭。

(3)环境噪声应低于被测噪声值至少 10dB(A)。

(4)声级计应置于"A"计权、"快"挡。

三 喇叭声级控制

1. 汽车喇叭声级控制范围

为了使汽车喇叭起到警示功能,喇叭声级不能过低;但是,为了减少喇叭噪声对城市环境的影响,喇叭声级又不能过高。因此,应适当控制汽车喇叭声级。在 GB 18565—2001《营运车辆综合性能要求和检验方法》标准中规定,喇叭声级应在 90 ~115dB(A)的范围内。

2. 喇叭声级测量方法

测量汽车喇叭声级时,应将声级计置于距汽车前 2m、离地高 1.2m处,其传声器朝向汽车,轴线与汽车纵轴线平行。在这种情况下测得的喇叭声级应在 90 ~115dB(A)的范围内。

第十四章　营运车辆技术等级评定

汽车在使用过程中会遭受各种因素的作用，从而造成汽车零部件的磨损、疲劳、腐蚀以及老化，使各零部件失去原有的品质和功能。汽车的使用性能也将不同程度的恶化，零件的安全性能将下降，汽车耗油量同时也会将增加。特别是我们的营运车辆，由于平时运输过程中载荷重、路况复杂，运输线路的不确定等多方面的因素，使车辆的技术状况很不稳定。为确保车辆技术状况、保证车辆的安全行驶，加强对营运车辆的技术管理，定期对营运车辆进行综合性能检测，并对营运车辆的技术状况进行分级评定，是十分必要的。

为此，交通部在 1990 年颁布的《汽车运输业车辆技术管理规定》（第 13 号部令）中规定："车辆技术状况等级的鉴定，至少每半年进行一次。"在 2004 年修订并颁布的 JT/T 198—2004《营运车辆技术等级划分和评定要求》，作为目前对营运车辆技术等级评定的依据。

第一节　营运车辆技术等级评定的内容

JT/T 198—2004《营运车辆技术等级划分和评定要求》，适用于在我国所有从事营业运输的车辆。营运车辆技术等级评定的内容共分为十大部分：

（1）整车装备及外观。包括整车装备与标识；车身、车架、驾驶室；车门、车窗；驾乘座椅；卧铺；行李架（舱）；安全出口、安全带；车厢、地板、护轮板（挡泥板）；车轮、轮胎；悬架装置；传动系、车桥；转向节及臂、横直拉杆及球销；制动装置（行车、应急、驻车）；螺栓、螺母紧固；灯光数量、光色、位置;信号装置与仪表;漏气、漏油、漏水、漏电;底盘异响;发动机异响;润滑;灭火器;车内外后视镜;侧面、后下部防护装置等。

(2)动力性。包括驱动轮输出功率;滑行性能等。

(3)燃料经济性。指等速百公里油耗。

(4)制动性。包括制动力;制动力平衡;制动协调时间;车轮阻滞力;驻车制动力等。

(5)转向操纵性。包括转向轮横向侧滑量;转向盘最大自由转动量;悬架特性等。

(6)前照灯。指前照灯的发光强度和光束照射位置等。

(7)排放污染物控制。包括汽油车双怠速排气污染物控制;柴油车自由加速烟度控制;柴油车排气可见污染物控制等。

(8)喇叭声级。

(9)车辆防雨密封性。

(10)车速表示值误差。

营运车辆技术等级划分为:一级车、二级车和三级车。“三级车”是营运车辆技术等级中最低一级要求,是社会车辆进入道路运输业从事营运的门槛。

营运车辆技术等级评定的检测方法引用GB 18565—2001《营运车辆综合性能要求和检验方法》的有关规定。

第二节　营运车辆技术等级的评定规则

一 评定原则

凡是投入营运的车辆都应达到GB 18565—2001《营运车辆综合性能要求和检验方法》规定的要求。因为GB 18565—2001是强制性国家标准,该标准规定的要求是投入营运的车辆都应达到最基本的要求。

营运车辆的级别应按 JT/T 198—2004《营运车辆技术等级划分和评定要求》标准中规定的分级项要求来确定。

二 评定等级

JT/T 198—2004《营运车辆技术等级划分和评定要求》标准中，将营运车辆技术等级划分为一级车、二级车和三级车。

1. 一级车要求

JT/T 198—2004《营运车辆技术等级划分和评定要求》标准中，一级车必须满足的分级项目有：整车装备与标识；车身、车架、驾驶室；车门、车窗；车轮、轮胎；驱动轮输出功率；等速百公里油耗；制动力平衡；车轮阻滞力；转向盘最大自由转动量；排放污染物控制；车速表示值误差。

当受检车辆达到上述标准中规定项目的一级车技术要求，且不分级的项目达到合格要求时，可以评为一级车。

2. 二级车要求

JT/T 198—2004《营运车辆技术等级划分和评定要求》标准中，二级车必须达到的分级项目有：车架、车身、驾驶室；车轮、车胎；制动力平衡。

当受检车辆除达到上述 3 项二级车的技术要求外，还必须在八个一级车项目（整车装备与标识；车门、车窗；驱动轮输出功率；等速百公里油耗；车轮阻滞力；转向盘最大自由转动量；排放污染物控制；车速表示值误差）中，至少有三项达到一级车的技术要求，且不分级的项目达到合格要求时，方可评为二级车。

3. 三级车要求

JT/T 198—2004《营运车辆技术等级划分和评定要求》标准中，三级车是车辆申请从事营运的最低技术要求。受检车辆在分级的项目中应达到三级车的技术要求，且没有分级的项目都达到合格要求时，方可以评为三级车。达不到三级的车辆，不能参与道路营运。

第三节　营运车辆技术等级评定项目及技术要求

一 整车装备与外观

整车装备与外观的检查与评定,主要是以人工检视、简单测量为主,共有23个项目,其中有分级项目4个。现就具体条款的技术要求等重点事项介绍如下。

1. 整车装备与标识(分级项)

1)一级车技术要求

(1)整车装备齐全,完好,有效,各连接部件紧固完好,车体周正;车体外缘左右对称部位(在离地高1.5m以内测量)高度差不大于20mm;左右轴距差不大于轴距的0.12%。

(2)车辆结构不得任意改造。

(3)车顶、车门、车身、风窗玻璃等部分的标识应统一,齐全有效,并符合有关规定。

2)二、三级车技术要求

(1)整车装备齐全,完好,有效,各连接部件紧固完好,车体周正;车体外缘左右对称部位(在离地高1.5m以内测量)高度差不大于40mm;左右轴距差不大于轴距的0.15%。

(2)达到一级车的第2和第3项的技术要求。

2. 车架、车身、驾驶室(分级项)

1)一、二级车技术要求

(1)车身和驾驶室的技术状况应能保证驾驶人有正常的工作条件和客货安全。

(2)车身和驾驶室应坚固耐用,车架、车身与驾驶室不得有开裂、锈蚀和明显变形,螺栓和铆钉不得缺少或松动,车身与车架的连接应安装牢固。

(3)车身外部和内部都不应有任何可能使人致伤的尖锐凸起物。

(4)驾驶室和乘客舱所有内饰材料应具有阻燃性。

(5)驾驶室必须保证驾驶人的前方视野和侧方视野。车窗玻璃不允许张贴妨碍驾驶人视野的附加物和镜面反光遮阳膜。

(6)表面无锈迹、无脱掉漆。

2)三级车技术要求

达到一、二级车的第1至第5项的技术要求。

3. 车门、车窗(分级项)

1)一级车技术要求

(1)车门和车窗应启闭轻便,不得有自行开启现象,锁止可靠,玻璃升降器应完好。

(2)玻璃应完好无损。

2)二、三级车技术要求

(1)达到一级车的第1项的技术要求。

(2)玻璃不得缺损。

4. 驾乘座椅(不分级)

不分级项技术要求:

(1)座椅和地板应具有足够的强度,座椅和扶手应安装牢固可靠。乘客座椅间距不得采用沿滑道纵向调整的结构。

(2)车长大于6m的客车,同方向座椅的座间距不得小于650mm。面对面座椅的座间距不得小于1200mm。

5. 卧铺(不分级)

(1)不分级项技术要求。卧铺客车的卧铺应采用"1+1"或"1+1+1"纵向布置(与车辆前进方向相同),卧铺宽度应不小于450mm,卧铺纵向间距应不小于1400mm,相邻卧铺的间距应不小于350mm。

注:该项要求只对卧铺客车检查。

(2)卧铺应采用"1+1"或"1+1+1"纵向布置(与车辆前进方向相同),就是指相邻的两个铺位应分开,不准连靠在一起,铺位不准横向放置。尺寸测量的方法如图 14-1 所示。

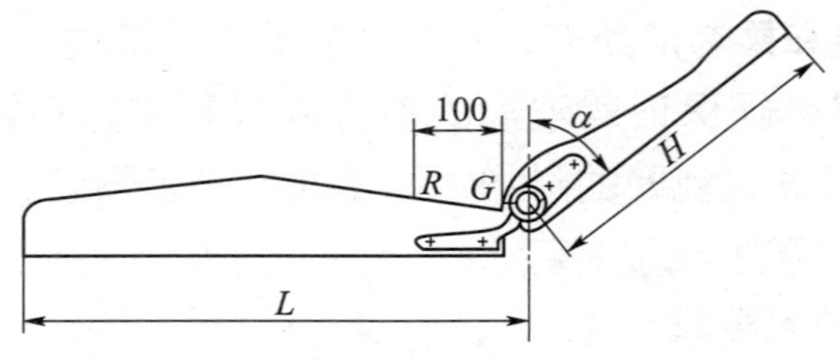

图 14-1 卧铺长和卧铺宽的测量(单位:mm)

6. 行李架(舱)(不分级)

不分级项技术要求:中级、中级以上车长大于或等于 9m 的营运客车和卧铺客车车身顶部不得设置行李架,应设置符合有关标准要求的行李舱。其他客车需设置车外顶行李架时,其顶架载荷按每个乘客 10kg 行李核定,且行李架长度不得超过车长的三分之一。

7. 安全出口、安全带(不分级)

(1)安全出口。车长大于 6m 的客车,如车身右侧仅有一个乘客上下的车门时,应设置安全门或安全窗。卧铺客车应设置车顶安全出口。其卧铺布置为上、下双层时,侧窗布置应为上下双排。使用安全门时,应保证不用其他器具即可将其向外推开。安全出口的数量和位置应符合有关规定。

(2)安全门应满足下列要求:

①安全门的净高不得小于 1250mm,净宽不得小于 550mm。

②门铰链应在门前端,向外开启角度应不小于 100°,并能在此角度下保持开启,同时设有开启报警装置。

③通向安全门的通道宽度应不小于 300mm,不足 300mm 时,允许采用迅速翻转座椅等方法加宽通道。

④车内外应设置应急开关把手,车外把手距地面高度应不大于 1800mm。

⑤关闭时应能锁止。

⑥在安全门或安全窗处应有醒目的红色标志和操作指南,字体高度

应不小于20mm。

(3)安全窗应满足下列要求：

①安全窗和安全顶窗的面积应不小于$3\times10^5mm^2$，且能内接一个400mm×600mm的椭圆；车辆后端面的安全窗的面积应不小于$4\times10^5mm^2$，且能内接一个500mm×700mm的矩形。

②安全窗应易于向外推开或用锤子击碎玻璃，在其附近，应备有便于取用的击碎出口玻璃的专用工具。(注：该项要求只对载客汽车检查)

(4)安全带

①座位数小于或等于20(含驾驶人座椅，下同)或者车长小于或等于6m的载客汽车，和最大设计车速大于100km/h的载货汽车和牵引车，前排座位必须装置汽车安全带。长途客车和旅游客车的驾驶人座椅及前面没有座椅或护栏的座椅应安装汽车安全带。安全带应有认证标志。

②卧铺客车的每个铺位均应安装两点式汽车安全带。

③汽车安全带应可靠有效，安装位置应合理，固定点应有足够的强度。

安全带分以下两种类型：

第Ⅰ类安全带：是指用于限制座椅上的乘员下部躯体向前移动的安全带。

第Ⅱ类安全带：是指既能限制座椅上的乘员下部躯体向前移动，又能限制其上部躯体过度前倾的安全带。

8. 车厢、地板、护轮板/挡泥板(不分级)

(1)货箱的栏板和地板应平整，客车车身与地板应密合，应有防止发动机废气进入车厢内的有效措施。

(2)轿车应有护轮板，挂车后轮应有挡泥板，其他车辆的所有车轮均应有挡泥板。

9. 车轮、轮胎(分级项)

1)一、二级车技术要求

(1)轮胎的磨损:微型车辆胎冠花纹深度不得小于3.2mm,其他车辆转向轮的胎冠花纹深度不得小于3.5mm,其余轮胎胎冠花纹深度不得小于2.5mm。

(2)轮胎胎面不得有局部磨损而暴露出轮胎帘布层。轮胎的胎面和胎壁上不得有长度超过25mm或深度足以露出轮胎帘布层的破裂和割伤。

(3)同一轴上轮胎规格和花纹应相同,轮胎规格应符合车辆出厂时的规定,同一轴上轮胎外径的磨损程度应大体一致。

(4)汽车转向轮不得装用翻新的轮胎。

(5)汽车装用的轮胎应与其最大设计车速相适应。

(6)轮胎负荷不应超过该轮胎的额定负荷,轮胎的充气压力应符合该轮胎承受负荷时规定的压力。

(7)最大设计车速超过120km/h的车辆,其车轮应做动平衡,并应符合有关技术要求。

(8)轮胎螺母和半轴螺母应完整齐全,并应按规定力矩紧固。

(9)车轮总成的横向摆动量和径向圆跳动量:总质量小于或等于4500kg的汽车,不得大于5mm;其他车辆不得大于8mm。

2)三级车技术要求

(1)轮胎的磨损:轿车和挂车胎冠上花纹深度不得小于1.6mm,其他车辆转向轮的胎冠花纹深度不得小于3.2mm;其余轮胎胎冠花纹深度不小于1.6mm。

(2)达到一、二级车的第2至第9项的技术要求。

微型车辆系指车长小于3.5m且排量不大于1.0L的客车或载质量不大于1.8t的货车。

10. 悬架装置(不分级)

(1)钢板弹簧不得有裂纹和断片现象,其弹簧形式和规格应符合产品使用说明书的规定。中心螺栓和U形螺栓应紧固。

(2)减振器应齐全有效。

（3）车桥与悬架之间的各种拉杆和导杆不得有变形，各接头和衬套不得松旷和位移。

11. 传动系、车桥（不分级）

（1）离合器踏板自由行程应符合该车原厂规定的有关技术条件。

（2）离合器踏板力应不大于300N。

（3）离合器应接合平稳，分离彻底，工作时不得有异响、抖动和不正常打滑等现象。

（4）变速器和分动器，换挡时齿轮啮合灵便，互锁、自锁、倒挡锁装置有效，不得有乱挡和自行跳挡现象，换挡时变速杆不得与其他部件干涉。运行中无异响。

（5）传动轴在运转时不得发生振抖和异响，中间轴承和万向节不得有裂纹和松旷现象。

（6）前、后桥不得有变形和裂纹。

（7）驱动桥工作应正常且无异响。

12. 转向节及臂、横拉杆、直拉杆及球销（不分级）

转向节及臂、横拉杆、直拉杆及球销应无裂纹和损伤，并且球销不得松旷。对车辆进行改装或修理时，横拉杆、直拉杆不得拼焊。

13. 制动装置（行车、应急、驻车）（不分级）

（1）车辆应具有行车制动、应急制动和驻车制动功能。

（2）行车制动系制动踏板的自由行程应符合该车原厂规定的有关技术条件。

（3）车辆的行车制动必须采用双管路或多管路。

（4）检查车辆是否具有有效的应急制动装置（或功能）。

14. 螺栓、螺母紧固（不分级）

（1）轮胎螺母和半轴螺母应完整齐全，并应按规定力矩紧固。

（2）中心螺栓和U形螺栓应紧固。

15. 灯光数量、光色、位置（不分级）

（1）所有前照灯的近光都不得炫目。

(2)汽车和挂车的外部照明和信号装置的数量、位置、光色、最小几何可见度应符合GB 4785《汽车及挂车外部照明和信号装置的安装规定》的有关规定。

(3)全挂车应在挂车前部的左右各装一只红色标志灯,其高度应比全挂车的前栏板高出300~400mm,距车厢外侧应小于150mm。

(4)车辆应装置后回复反射器,车长大于10m的车辆应安装侧回复反射器,汽车列车应装有侧回复反射器。回复反射器应能保证夜间在其正面前方150m处用汽车前照灯照射时,在照射位置就能确认其反射光。

(5)装有前照灯的车辆应有远近光变换装置,并且当远光变近光时,所有的远光应同时熄灭。同一辆车上的前照灯不允许左、右的远光灯、近光灯交叉点亮。

(6)车辆的前位灯、后位灯、示廓灯、挂车标志灯、牌照灯、倒车灯和仪表灯应能同时启闭,当前照灯关闭和发动机熄火时,仍能点亮。

(7)空载高为3m以上的车辆,均应安装示廓灯。

(8)车辆应安装一只或两只后雾灯,只有当远光灯、近光灯或前雾灯打开时,后雾灯才能打开。后雾灯可以独立于任何其他灯而关闭。后雾灯可以连续工作,直至位置灯关闭时为止,之后,一直处于关闭状态,直至再次打开。车辆(挂车除外)可以选装前雾灯。

(9)车辆应装有危险报警闪光灯,其操纵装置应不受电源总开关控制。危险报警闪光灯和转向信号灯的闪光频率为1.5Hz±0.5Hz;起动时间应不大于1.5s。

(10)汽车和挂车均应安装侧转向灯,若汽车前转向灯在前面可见时,视为满足要求。铰接式车辆每一刚性单元必须装有至少一对侧转向灯。

16. 信号装置与仪表(不分级)

(1)车辆仪表板上应设置与行驶方向相适应的转向信号和蓝色远光指示信号灯。

(2)仪表板上应设置仪表灯。仪表灯点亮时,应能照清楚仪表板上所有仪表并不得炫目。

(3)各种客车应设置车厢灯和门灯。车长大于6m的客车,应至少有两条车厢照明电路,仅用于进出口处的照明电路可作为其中之一。当一条电路失效时,另一条应能正常工作,以保证车内照明,但不得影响驾驶人的视线和其他机动车的正常行驶。

(4)车辆照明和信号装置的任一条线路出现故障时,不得干扰其他线路的正常工作。

(5)车辆前转向信号灯、后转向信号灯、危险报警闪光灯及制动灯,白天距100m可见,侧转向信号灯白天距30m可见;前位灯、后位灯、示廓灯、挂车标志灯夜间好天气距300m可见;后牌照灯夜间好天气距20m能看清楚牌照号码。制动灯的亮度应明显大于后位灯。

(6)车长大于6m的客车应设置电源总开关,分线路熔断器完善的客车除外。

(7)车速里程表、冷却液温度表、机油压力表、电流表、燃油表、气压表等各种仪表和信号装置应齐全有效。

17. 漏气、漏油、漏水、漏电检查(不分级)

(1)汽车上各连接件无漏油、渗水和漏气现象。

(2)所有电气导线应捆扎成束、布置整齐、固定卡紧、接头牢固,并有绝缘套,在导线穿越孔洞时需设绝缘套管。所有电气不得有漏电现象。

18. 底盘异响(不分级)

车辆运行中底盘应无异响。

19. 发动机异响(不分级)

发动机运转时应无异响,运转和加速时,不得有回火和放炮现象。

20. 润滑(不分级)

(1)各部润滑良好,发动机机油压力应符合该车有关技术条件的规定。

(2)变速器、后桥等总成和部件润滑油的规格和用量应符合规定。

21. 灭火器(不分级)

营运车辆应装备与其相适应的有效灭火装置,灭火装置应安装牢固并便于取用。

22. 车内外后视镜、前下视镜(不分级)

(1)车辆(挂车除外)必须在左右各设置一面后视镜;车长大于6m的平头客车和平头载货汽车车前应设置一面下视镜。轿车和客车驾驶室内应设置一面内后视镜。

(2)车辆的外后视镜的安装位置和角度应保证看清楚车身左右外侧、车后50m以外的交通情况。前下视镜应能看清楚风窗玻璃前下方长1.5m、宽3m范围内的情况。

(3)车内外后视镜和前下视镜应易于调节,并能有效保持其位置。

(4)安装在外侧距地面1800mm以下的后视镜,当行人等接触该镜时,应具有能缓和冲击的功能。

23. 侧面、后下部防护装置(不分级)

(1)总质量大于3500kg的汽车和挂车两侧必须装备侧面防护装置,但本身结构已能防止行人和骑车人等卷入的汽车和挂车除外。

(2)除牵引车和长货挂车以外的汽车和挂车,在空载状态下,其车身或车身底盘总成的后端离地间隙大于700mm时,必须装备能有效防止其他机动车和非机动车等从车辆后下方嵌入的防护装置。

二 汽车动力性

1. 驱动轮输出功率(分级项)

1)一级车技术要求

相应工况下测得的校正驱动轮输出功率与额定转矩功率或额定功率百分比的值,应不小于GB/T 18276—2000《汽车驱动轮输出功率限值表》中规定相应工况的额定值。即

$$\eta_{vm} \geqslant \eta_{Mr} \tag{14-1}$$

或

$$\eta_{vp} \geqslant \eta_{pr} \tag{14-2}$$

2)二、三级车技术要求

相应工况中测得的校正驱动轮输出功率与额定转矩功率或额定功率百分比的值，应不小于 GB/T 18276—2000《汽车驱动轮输出功率限值表》中规定相应工况的允许值。即

$$\eta_{Mr} > \eta_{vm} \geqslant \eta_{Ma} \tag{14-3}$$

或

$$\eta_{pr} > \eta_{vp} \geqslant \eta_{pa} \tag{14-4}$$

轿车的动力性按额定转矩工况进行检测和评价；其他车辆按上述两种工况任选一种进行检测和评价。

汽车驱动轮输出功率的额定值和允许值与各种车型的关系见表 14-1。

汽车驱动轮输出功率的限值　　表 14-1

汽车类型	汽车型号		额定转矩工况		额定功率工况	
			直接挡检测车速(v_m)(km/h)	校正驱动轮输出功率/额定转矩功率的限值 η_{Ma}(%)	直接挡检测速度 v_p(km/h)	校正驱动轮输出功率/额定转矩功率的限值 η_{Ma}(%)
载货汽车①	1010、1020 系列	汽油车	60	50	90	40
	1030、1040 系列	汽油车	60	50	90	40
		柴油车	55	50	90	45
	1050、1060 系列	汽油车	60	50	90	40
		柴油车	50	50	80	45
	1070、1080 系列	柴油车	50	50	80	45
	1090 系列	汽油车	40	50	80	45
		柴油车	55	50	80	45
	1100、1110 系列 1120、1130 系列	柴油车	50	45	80	40
	1140、1150、1160 系列	柴油车	50	50	80	40
	1170、1190 系列	柴油车	55	50	80	40

续上表

汽车类型	汽车型号		额定转矩工况		额定功率工况	
			直接挡检测车速(v_m)(km/h)	校正驱动轮输出功率/额定转矩功率的限值 η_{Ma}(%)	直接挡检测速度 v_p(km/h)	校正驱动轮输出功率/额定转矩功率的限值 η_{Ma}(%)
半挂列车[②]	10t 半挂列车系列	汽油车	40	50	80	45
		柴油车	50	50	80	45
	15t、20t 半挂列车系列	柴油车	45	45	70	40
	25t 半挂列车系列	柴油车	45	50	75	40
客车	6600 系列	汽油车	60	45	85	35
		柴油车	45	50	75	40
	6700 系列	汽油车	50	40	80	35
		柴油车	55	45	75	35
	6800 系列	汽油车	40	40	85	35
		柴油车	45	45	75	35
	6900 系列	汽油车	40	40	80	40
		柴油车	60	45	85	45
	6100 系列	汽油车	40	50	85	35
		柴油车	40	40	85	35
	6100 系列	汽油车	60	45	85	35
		柴油车	55	50	80	35
	6120 系列	柴油车	60	40	90	35
轿车	、夏利、富康		95/65[③]	40/35[③]	—	—
	桑塔纳		95/65[③]	45/40[③]	—	—

注:①5010~5040 系列厢式货车和罐式货车驱动轮输出功率的允许值按同系列普通货车的允许值下调 2%;其他系列厢式货车和罐式货车驱动轮输出功率的允许值按同系列普通货车的允许值下调 4%。

②半挂列车是按载质量分类。

③所列数据为汽车变速挡使用三挡时的参数值。

选用在发动机特性上的额定转矩和额定功率时驱动轮输出功率，作为动力性的评价指标，选用发动机全负荷与发动机额定转矩和额定功率转速相应的直接挡车速所构成的工况作为检测工况。

2. 滑行性能（不分级）

（1）用底盘测功机检测时，各车型在初速度为 30km/h 下测得的滑行距离，应符合表 14-2 的规定。

（2）用路试的方法检测时，各车型在初速度为 30km/h 下测得的滑行距离，应符合表 14-2 的规定。

（3）用拉力计测滑行阻力，测得的滑行阻力应不大于整备质量的 1.5%。

滑行距离要求表　　表 14-2

汽车整备质量（kg）	双轴驱动车辆滑行距离（m）	单轴驱动车辆滑行距离（m）
$m<1000$	≥104	≥130
$0\leqslant m\leqslant 4000$	≥120	≥160
$4000\leqslant m\leqslant 5000$	≥144	≥180
$5000\leqslant m\leqslant 8000$	≥184	≥230
$8000\leqslant m\leqslant 11000$	≥200	≥250
$m>11000$	≥214	≥270

三 燃料经济性（分级项）

（1）一级车技术要求：不大于该车型制造厂规定的相应车速等速百公里油耗量的 103%。

（2）二、三级车技术要求：按规定的检验方法测得的汽车百公里燃料消耗量，不得大于该车型原厂规定的相应车速等速百公里油耗量的 110%。

四 制动性

台式检测制动性能的项目参数指车轮制动力、制动力平衡、制动协调时间、车轮阻滞力、驻车制动力，具体技术要求如下。

1. 制动力(不分级)

技术要求:汽车、汽车列车在制动检验台上测出的制动力应符合第七章表 7-1 台试检验制动力的要求。对空载检验制动力有质疑时,可用表 7-1 规定的满载检验制动力要求进行检验。

检验时,制动踏板力或制动气压应符合表 14-3 的规定。

制动检验时制动踏板力或制动气压要求表 表 14-3

制动系类型		空 载	满 载
气压制动系:气压表指示气压(kPa)		≤600	≤额定工作气压
液压制动系:踏板力(N)	乘用车	≤400	≤500
	其他车辆	≤450	≤700

2. 制动力平衡(分级项)

(1)一、二级车技术要求:在制动力增长全过程中同时测得的左右轮制动力差的最大值,与全过程中测得的该轴左右轮最大制动力中大者之比,对前轴不得大于 16%;对后轴(及其他轴)在轴制动力不小于该轴轴荷的 60% 时不得大于 20%;当后轴(及其他轴)制动力小于该轴轴荷的 60% 时,在制动力增长全过程中同时测得的左右轮制动力差的最大值不应大于该轴轴荷的 5%。

(2)三级车技术要求:在制动力增长全过程中同时测得的左右轮制动力差的最大值,与全过程中测得的该轴左右轮最大制动力中大者之比,对前轴不得大于 20%;对后轴(及其他轴)在轴制动力不小于该轴轴荷的 60% 时不得大于 24%;当后轴(及其他轴)制动力小于该轴轴荷的 60% 时,在制动力增长全过程中同时测得的左右轮制动力差的最大值不应大于该轴轴荷的 8%。

3. 制动协调时间(不分级)

技术要求:汽车的制动协调时间,对液压制动的汽车不应大于 0.35s;对气压制动的汽车不应大于 0.60s;汽车列车和铰接客车、铰接式无轨电车的制动协调时间不应大于 0.80s。

4. 车轮阻滞力（分级项）

（1）一级车技术要求：进行制动力检验时，各车轮的阻滞力均不应大于车轮所在轴轴荷的2.5%。

（2）二、三级车技术要求：进行制动力检验时，各车轮的阻滞力均不应大于车轮所在轴轴荷的5%。

5. 驻车制动力（不分级）

技术要求：当采用制动检验台检验汽车驻车制动装置的制动力时，机动车空载，乘坐一名驾驶人，使用驻车制动装置，驻车制动力的总和应不小于该车在测试状态下整车质量的20%（对总质量为整备质量1.2倍以下的机动车，应不小于15%）。

当采用滚筒式制动试验台检测时，要记录在测试制动的过程中车轮是否抱死。为获得足够的附着力，允许在车辆上增加足够的附加质量或施加相当于附加质量的作用力（附加质量或作用力不计入轴荷）；也可以采取防止车辆移动的措施（例如加三角垫块或采取牵引等方法）。当采用上述方法之后，仍出现车轮抱死并在滚筒上打滑或整车随滚筒向后移出的现象，而制动力仍未达到合格要求时，应改用标准中规定的其他方法进行检验。

五 转向操纵性

1. 转向轮横向侧滑量（不分级）

（1）前轴采用非独立悬架的汽车，转向轮的横向侧滑量，用侧滑仪（包括单、双板）检测时，侧滑量值应不大于5m/min。

（2）前轴采用独立悬架的汽车，可以前轮定位参数值应符合原厂规定的该车有关技术条件为合格。

2. 转向盘最大自由转动量（分级项）

分级项技术要求：

（1）一级车：最大设计车速大于或等于100km/h的汽车，转向盘最大自由转动量应不大于15°；最大设计车速小于100km/h的汽车，应不大于20°。

(2)二、三级车:最大设计车速大于或等于100km/h的汽车,转向盘最大自由转动量应不大于20°;最大设计车速小于100km/h的汽车,应不大于30°。

3. 悬架特性(不分级)

对于最大设计车速大于或等于100km/h、轴载质量小于或等于1500kg的载客汽车,应按GB 18565—2001中规定的方法进行悬架特性检测。

用悬架检测台按GB 18565—2001中规定的方法检测时,受检车辆的车轮在受外界激励振动下测得的吸收率应不小于40%,同轴左右轮吸收率之差不得大于15%。

用平板检测台按GB 18565—2001中规定的方法检测时,受检车辆制动时测得的悬架效率应不小于45%,同轴左右轮悬架效率之差不得大于20%。

六 前照灯

1. 发光强度(不分级)

汽车每只前照灯远光光束发光强度应达到以下要求:

两灯制:15000cd;四灯制:12000cd。测试时,电源系统应处于充电状态。

四灯制是指前照灯具有四个远光光束;采用四灯制的机动车其中两只对称的灯达到两灯制的要求时视为合格。

2. 光束照射位置(不分级)

技术要求(GB 7258—2012):在检验前照灯近光光束照射位置时,前照灯照射在距离为10m的屏幕上,乘用车前照灯近光光束明暗截止线转角或中点的高度应为$0.7H \sim 0.9H$(H为前照灯基准中心高度,下同),其他机动车(拖拉机、运输机组除外)应为$0.6H \sim 0.8H$。机动车(装用一只前照灯的机动车除外)前照灯近光光束水平方向位置向左偏不允许超过170mm,向右偏不允许超过350mm。

在检验前照灯远光光束及远光单光束灯照射位置时，前照灯照射在距离为10m的屏幕上。要求在屏幕光束中心离地高度：乘用车为0.9H～1.0H，对其他机动车为0.8H～0.95H；机动车（装用一只前照灯的机动车除外）前照灯远光光束水平位置要求：左灯向左偏不允许超过170mm，向右偏不允许超过350mm，右灯向左或向右偏均不允许超过350mm。

七 排气污染物控制

1. 汽油车双怠速污染物排放（分级项）

依据GB 18285—2005《点燃式发动机汽车排气污染物排放限值及测量方法（双怠速法及简易工况法）》和JT/T 198—2004《汽车技术等级评定的检测方法》，在用汽油车双怠速污染物排放的限值见表14-4。

在用汽油车双怠速法排气污染物排放限值 表14-4

车辆分类 \ 技术等级		一级				二、三级			
		怠速		高怠速		怠速		高怠速	
		CO (%)	HC ($\times10^{-6}$)	CO (%)	HC ($\times10^{-6}$)	CO %	HC ($\times10^{6}$)	CO (%)	HC ($\times10^{-6}$)
轻型汽油车	1995年7月1日前生产	3.5	700			4.5	1200	3.0	900
	1995年7月1日起生产					1.5	900	3.0	900
	2000年7月1日起第一类	0.7	135	0.25	90	0.8	150	0.3	100
	2001年10月1日起第二类	0.85	180	0.45	130	1.0	200	0.5	150
	2005年7月1日起第一类					0.5	100	0.3	100
	2005年7月1日起第二类					0.8	150	0.5	150
重型汽油车	1995年7门1日前生产	4.0	1000			5.0	2000	3.5	200
	1995年7月1日起生产					4.5	1200	3.0	900
	2004年9月1日起生产					1.5	250	0.7	200
	2005年7月1日起生产					1.0	200	0.7	200

注：1. 第一类车辆：座位数小于或等于6人；总质量小于或等于2500kg的M_1类。

2. 第二类车辆：总质量小于或等于3500kg的所有汽车（第一类车辆除外）。

3. 空缺的限值为JT/T 198—2004目前尚没有的规定值。

2. 柴油车自由加速试验(分级项)

依据 GB 3847—2005《车用压燃式发动机和压燃式发动机汽车排气烟度排放限值及测量方法》和 JT/T 198—2004《汽车技术等级评定的检测方法》,在用柴油车自由加速试验的排气污染物检测有两种方法:一种是滤纸烟度法,另一种是不透光烟度法。其标准限值见表 14-5。

在用柴油车自由加速试验排气污染物限值表 表 14-5

车辆分类 \ 技术等级	一级	二、三级	备注
1995 年 6 月 30 日前生产	≤3.6Rb	≤5.0Rb	滤纸烟度法
1995 年 7 月 1 日起生产	≤3.6Rb	≤4.5Rb	
2001 年 10 月 1 日起生产	≤2.2m^{-1}	≤2.5m^{-1}(自然吸气)	不透光烟度法
2001 年 10 月 1 日起生产	≤2.2m^{-1}	≤3.0m^{-1}(涡轮增压)	
2005 年 7 月 1 日起生产		≤车型核准限值 +0.5m^{-1}	

注:空缺的限值为 JT/T 198—2004 目前尚没有的规定值。

所谓车型核准限值,是指该车型核准时批准的自由加速试验排气污染物(不透光烟度)的限值。

八 喇叭声级(不分级)

汽车喇叭声级在距车前 2m、离地高 1.2m 处用声级计测量时,其值应为 90 ~115dB(A)。

九 车辆防雨密封性(不分级)

依据 QC/T 476—1999《客车防雨密封性限值》的标准,按照 GB/T 12480—1990《客车防雨密封性试验方法》标准规定检验方法进行检验。客车防雨密封性是指客车处于静止状态,在规定的人工淋雨试验条件下,关闭全部门窗和孔口盖时,防止雨水进入车厢的能力。

十 车速表示值误差（分级项）

（1）一级车技术要求：车速表允许误差范围为 0～15%，即当实际车速为 40km/h 时，车速表的指示值应为 40～46km/h。

（2）二、三级车技术要求：车速表允许误差范围为 $0 \leqslant v_1 - v_2 \leqslant (v_2/10) + 4$。其中 v_1 为车速表指示车速 km/h；v_2 为实际车速 km/h。即当实际车速为 40km/h 时，车速表的指示值应为 40～48km/h。

第十五章 前照灯检测(技能)

一 汽车的准备

(1)测试时,应清除前照灯上的污垢。

(2)汽车蓄电池应处于充足电状态。

(3)轮胎气压应符合汽车制造厂的规定。

(4)被检汽车应空载,允许乘坐一名驾驶人。

二 检测仪的准备

(1)检测仪在不受光的条件下,检查发光强度和光偏角指示表是否显示为零。否则,应调整至零。

(2)检查聚光透镜的镜面上有无污物。若有,可用柔软的布或镜头纸擦拭干净。

(3)水准器的技术状况,若水准器无气泡,应按说明书要求调整。

(4)检查导轨是否粘有泥土等杂物。若有,应清扫干净。

三 检测

1. 检测程序

(1)将被检汽车尽可能与检测仪导轨保持垂直方向驶近检测仪,直至前照灯与检测仪光接收箱前面板之间达到检测所要求的距离(聚光式的检测距离为1m,自动跟踪光轴式远光检测仪和远近光检测仪的检测距离分别为3m和0.3m)处停车。

(2)汽车发动机处于怠速状态,变速器置于空挡,电源处于充电状态,开启前照灯远光。

(3)不同型号的检测仪启动开始测量的操作方法不同,请按说明书要求操作。

(4)在并列的前照灯(四灯制)进行检测时,应将与受检灯相邻的灯遮蔽。

(5)检测完毕,前照灯检测仪归位,汽车驶离。

2. 注意事项

(1)停车位置要准确,车身纵向中心线要垂直于前照灯受光面,否则会影响光束左右偏测量的准确性。

(2)初检与复检时尽量由同一检验员引车操作,驾驶人体重的变化会对光束上下偏测量的准确性和重复性造成影响,尤其对微型车影响较大。

(3)前照灯检测仪正在移动或将要移动时,严禁汽车通过。

(4)检测完毕后汽车要及时驶离,车身不得长时间挡住轨道。

四 检测标准

根据GB 7258—2004《机动车运行安全技术条件》的规定,汽车前照灯的检验指标为光束照射位置的偏移值和发光强度(cd)。

1. 光束照射位置的偏移值

前照灯光束照射位置应符合以下要求:

(1)机动车在检验前照灯的近光束照射位置时,车辆空载,允许乘一名驾驶人,轮胎气压应符合汽车制造厂的规定。前照灯在距离屏幕10m处,如图11-3所示,光束明暗截止线转角或中点的高度:乘用车应为$0.7H$~$0.9H$(H为前照灯基准中心高度),其他机动车应为H_2,即$0.6H$~$0.8H$,其水平方向位置向左偏不允许超过170mm和向右偏均不允许超过350mm。

(2)四灯制前照灯其远光单光束灯在屏幕上的调整,要求光束中心离地面高度:乘用车为$0.9H$~$1.0H$,其他机动车为$0.8H$~$0.95H$。水平位置要求左灯向左偏不得大于100mm;向右偏不得大于170mm。右灯向左偏或向右偏均不得大于350mm。

(3)机动车装有远光和近光双光束灯时以调整近光光束为主。对于只能调整远光光束的灯,调整远光单光束。

2. 发光强度

GB 7258—2004《机动车运行安全技术条件》规定,机动车每只前照灯的远光光束发光强度应达到表 15-1 的要求。测试时,其电源系统应处于充电状态。

前照灯远光光束发光强度最小值要求(单位:cd)　　表 15-1

机动车类型	检查项目					
	新注册车			在用车		
	一灯制	二灯制	四灯制	一灯制	二灯制	四灯制
最高设计车速小于 70km/h 的汽车	—	1000	8000	—	8000	6000
其他汽车	—	18000	15000	—	15000	12000

四灯制是指前照灯具有四个远光光束;采用四灯制的机动车其中两只对称的灯达到二灯制的要求时视为合格。

五 前照灯的调整与修理

前照灯光轴方向偏斜时,应进行调整,调整部位一般分外侧调整式和内侧调整式两种,如图 15-1 所示。调整时,按需要转动灯座上面的左右及上下调整螺钉(或旋钮),使光轴方向符合标准。

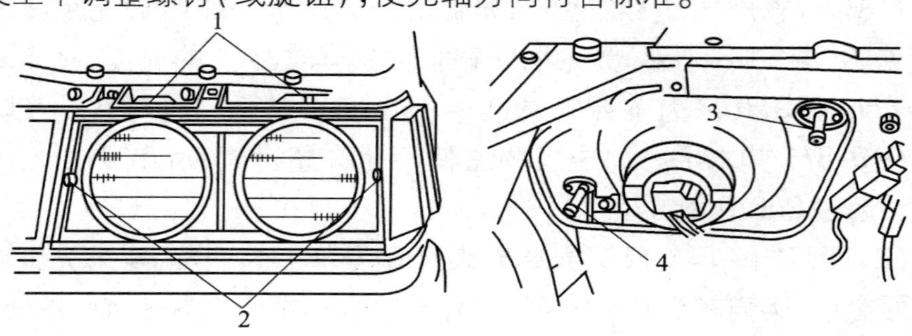

图 15-1　前照灯调整部位

1-上下调整螺钉;2-左右调整螺钉;3-左右调整旋钮;4-上下调整旋钮

前照灯亮度不足时,应根据原因视情修理。

(1)前照灯工作电压偏低,应检修电路和电源。

(2)灯泡(或灯芯)老化或产品质量差,应更换合格的灯泡。

(3)灯泡(或灯芯)的功率选择偏低。使用中若发光强度不够,可改用功率稍大的灯泡或灯芯。但必须注意以下几点:

①灯泡必须与灯罩座型号一致,配套使用。

②若普通灯泡改为卤素灯泡,应当更换灯总成。

③选用大功率灯泡,应校验发电机功率是否足够,前照灯线路容量是否能承受。

(4)前照灯反射镜脏污或涂层脱落,应予清洁或更换。

(5)散光玻璃装配不当,应适当调整。散光玻璃的安装应注意以下几点:

①标“TOP”或“十”符号表示应朝上安装。

②散光玻璃的棱镜均呈竖向配置。

③散光玻璃中部棱镜较稀部分呈正方形端朝右,呈长方形端朝左(左右以面对玻璃而言)。

六 前照灯检测仪的维护

(1)仪器的立柱应保持清洁,并每天加润滑油少许,以利滑行。

(2)导轨的表面应保持洁净,去除砂粒、油泥、小石子等。严禁加油润滑表面。

(3)每年对灯光仪进行校准。

参 考 文 献

[1] 中国汽车维修行业协会. 车辆技术评估(模块H)[M]. 北京:人民交通出版社,2008.

[2] 杨益明. 汽车检测设备与检修[M]. 北京:人民交通出版社,2005.

[3] 仇雅莉. 汽车检测诊断技术与设备[M]. 北京:电子工业出版社,2005.

[4] 程晟. 汽车检测设备使用与维护[M]. 北京:人民交通出版社,2005.

[5] 张建俊. 汽车检测设备应用技术.[M]. 北京:机械工业出版社,2002.